आपके भीतर शक्ति है

आपके भीतर शक्ति है

हेनरी थॉमस हैम्ब्लिन

(Henry Thomas Hamblin)

यह ध्यान रखना महत्वपूर्ण है कि यह पुस्तक एक अनुवाद है। प्रकाशक ने यथासंभव सटीक हिंदी अनुवाद प्रस्तुत करने का प्रयास किया है, लेकिन यह स्वीकार करना महत्वपूर्ण है कि कुछ व्याकरणिक या लेखन संबंधी त्रुटियाँ हो सकती हैं।
यदि आप ऐसी किसी भी त्रुटि का सामना करते हैं, तो कृपया प्रकाशक को नीचे दिए गए ईमेल पते पर सूचित करने में संकोच न करें।
यह स्पष्ट रूप से कहा गया है कि प्रकाशक का किसी भी पाठक को ठेस पहुँचने का कोई इरादा नहीं है, और न ही वे इस पुस्तक में मौजूद किसी भी त्रुटि के लिए कानूनी रूप से उत्तरदायी हैं।
यह टिप्पणी पाठकों को यह समझने में मदद करती है कि वे अनुवादित पाठ पढ़ रहे हैं और मूल पाठ से कुछ विसंगतियाँ हो सकती हैं। प्रकाशक त्रुटियों के लिए माफी माँगता है और पाठकों को उन्हें ठीक करने में मदद करने के लिए प्रोत्साहित करता है।

प्रथम प्रकाशित: *2024*

पुस्तक का नाम: *Within you is The Power (Illustrated) Hindi [* **आपके भीतर शक्ति है**]
लेखक: *Henry Thomas Hamblin*

चित्रण एवं अनुवाद डीडी बुक्स द्वारा किया गया।

मूल्य: 250/-
ISBN: **978-93-5957-962-7**
डीडी बुक्स द्वारा प्रकाशित
ईमेल: *ddsalesglobal@gmail.com*

विषय सूची

प्रस्तावना

मनुष्य के भीतर एक छिपी हुई शक्ति है, जिसके उपयोग से वह उच्चतर और बेहतर चीजों तक पहुंच सकता है। मनुष्य में, एक बड़ा आत्म मौजूद है जो इंद्रिय-मनुष्य के सीमित आत्म से परे है जैसे पहाड़ मैदान से ऊपर उठता है। इस छोटी सी पुस्तक का उद्देश्य पुरुषों और महिलाओं को मन और आत्मा की आंतरिक शक्तियों को बुद्धिमानी से और सार्वभौमिक कानून के अनुरूप व्यक्त करने में सहायता करना है। इसका उद्देश्य चरित्र निर्माण में मदद करना और व्यक्तियों को अपने भीतर उस अद्भुत स्व, अपने सच्चे स्व की खोज करने में सक्षम बनाना है। इसे खोजने पर, उन्हें एहसास हुआ कि वे वास्तव में ईश्वर के पुत्र और परमप्रधान की बेटियाँ हैं।

जीवन के अनुशासन से बचने का कोई रास्ता नहीं है और ऐसा कोई साधन नहीं है जिसके द्वारा भाग्य को "धोखा" दिया जा सके, न ही कोई चालाक युक्ति जिसके द्वारा महान ब्रह्मांडीय योजना से बचा जा सके। प्रत्येक जीवन को अपनी परेशानियों और कठिनाइयों का सामना करना पड़ता है; प्रत्येक आत्मा को गहरे पानी से गुजरना होगा और प्रत्येक हृदय को दुःख और शोक का सामना करना होगा। फिर भी, किसी को भी जीवन के महान संघर्षों से घबराने की जरूरत नहीं है। जिसने सार्वभौमिक जीवन और शक्ति के साथ पहचान का महान रहस्य सीख

लिया है, वह एक अभेद्य शहर में रहता है, जो सत्य की चट्टान पर बना है, जिसके खिलाफ जीवन के तूफान व्यर्थ में टकराते हैं।

हालाँकि यह छोटा सा काम एक आसान जीवन का व्यर्थ वादा नहीं करता है – क्योंकि एक आसान जीवन सभी आपदाओं में सबसे बड़ी होगी – यह यह दिखाने का प्रयास करता है कि कैसे इतना मजबूत बनें कि तुलनात्मक रूप से जीवन लगभग आसान लगने लगे। जीवन या भाग्य नहीं बदलता या आसान नहीं होता, बल्कि व्यक्ति बदल जाता है और मजबूत हो जाता है। यह पाठक को दिखाता है कि जीवन को आवश्यकता से अधिक कठिन बनाने से कैसे बचा जाए। यदि अधिकांश लोग जीवन को सही भावना के साथ अपनाएं और सार्वभौमिक कानून के अनुरूप कार्य करें तो उनका जीवन परेशानी और पीड़ा से कम भरा होगा।

आशा है कि यह छोटी सी किताब कई लोगों को जीवन के नियम और उद्देश्य के साथ तालमेल बिठाने में मदद कर सकती है, जिससे बहुत सी अनावश्यक पीड़ाओं से बचा जा सकेगा। अपने भीतर महान स्व को खोजने के लिए, जिसकी खोज अपने साथ पूर्ण सुरक्षा का एहसास लाती है और अपनी आंतरिक आध्यात्मिक और मानसिक शक्तियों को अभिव्यक्ति में लाने और बुद्धिमानी से उपयोग करने के लिए, जिससे काबू पाने और लगभग असीमित शक्ति के जीवन में प्रवेश किया जा सके।

अध्याय-1.

अनंत जीवन और शक्ति

मनुष्य के पास, यदि वह केवल यह जानता, असीमित शक्ति है। यह शक्ति आत्मा की है; इसलिए, यह अजेय है। यह सामान्य जीवन, सीमित इच्छाशक्ति या मानव मन की शक्ति नहीं है। यह इनसे बढ़कर है क्योंकि, आध्यात्मिक होने के कारण, यह शारीरिक या मानसिक से भी उच्च कोटि का है। यह शक्ति मनुष्य के भीतर तब तक सुप्त और छिपी रहती है जब तक वह इतना विकसित और प्रकट नहीं हो जाता कि उसे इसके उपयोग की जिम्मेदारी सौंपी जा सके।

विचार जबरदस्त क्षमता वाली एक आध्यात्मिक शक्ति है, लेकिन यह वह शक्ति नहीं है जिस पर चर्चा की जा रही है। विचार के माध्यम से, मनुष्य या तो खुद को ऊपर उठा सकता है और ब्रह्मांड के "पावर हाउस" से जुड़ सकता है या खुद को दैवीय प्रवाह से पूरी तरह से अलग कर सकता है। उसका विचार ही उसका सबसे बड़ा हथियार है, क्योंकि इसके माध्यम से, वह या तो अनंत को आकर्षित कर सकता है या अपने दिव्य स्रोत से खुद को (चेतना में, लेकिन वास्तविकता में नहीं) काट सकता है।

अपने भीतर दिव्य चिंगारी के माध्यम से, जो उसका वास्तविक स्व है, मनुष्य अनंत से जुड़ा हुआ है। दिव्य जीवन और शक्तियाँ उसकी हैं यदि उसे एहसास हो

कि वे उसकी हैं। जब तक वह ईश्वरीय स्रोत के साथ अपनी एकता से अनभिज्ञ रहता है, तब तक वह उस शक्ति का लाभ नहीं उठा सकता जो वास्तव में उसकी है। हालाँकि, इस आंतरिक ज्ञान में प्रवेश करने पर, वह खुद को अनंत शक्ति और असीमित संसाधनों के मालिक के रूप में पाता है।

यह शक्ति ईश्वर की है, फिर भी यह मनुष्य की भी है, लेकिन यह तब तक अज्ञात रहती है जब तक कि उसे इसे सौंपने के लिए उपयुक्त नहीं समझा जाता। रहस्योद्घाटन तभी होता है जब मनुष्य अपने दिव्य स्रोत के साथ अपनी एकता को स्वीकार करता है, उसकी शक्ति से भर जाता है। कुछ शिक्षक और दीक्षार्थी

आज प्रचारित किए जा रहे कुछ रहस्यों के बारे में चिंता व्यक्त करते हैं, ऐसे रहस्य जिन्हें अतीत में बारीकी से संरक्षित किया गया था। उन्हें चिंता है कि अज्ञानी और अविकसित व्यक्ति आध्यात्मिक शक्ति का दुरुपयोग कर सकते हैं। लेखक को यह असंभव लगता है। जबकि मजबूत व्यक्तित्व छिपी हुई शक्तियों का उपयोग कर सकते हैं, लेकिन बुनियादी उद्देश्यों के लिए आध्यात्मिक शक्ति का दुरुपयोग सीमित है और इससे डरने की जरूरत नहीं है। दूसरी ओर, काले जादूगर नुकसान पहुंचा सकते हैं लेकिन अंततः गरीबी और नपुंसकता में परिणत होते हैं। कुछ लोग अपना खाली समय इस विषय पर ज्ञान की खोज में, उपलब्ध हर गुप्त पुस्तक को पढ़ने में बिताते हैं, फिर भी उन्हें कभी वह नहीं मिलता जो वे खोजते हैं। आध्यात्मिक शक्तियां और प्रभाव साधकों की आंखों को तब तक रोके रखते हैं जब तक वे रहस्योद्घाटन के लिए तैयार नहीं हो जाते। जब मनुष्य, सत्य की खोज में, स्वार्थी प्रयास छोड़ देता है और संपूर्ण की महान इच्छा के साथ संघर्ष में अपनी आत्म-इच्छा का उपयोग करना बंद कर देता है, तो वह अनंत के साथ अपनी एकता के रहस्योद्घाटन के लिए तैयार होता है। संपूर्ण की इच्छा के प्रति स्पष्ट रूप से समर्पण करना अज्ञानी लोगों को कमजोर लग सकता है, फिर भी यह लगभग असीमित शक्ति वाले जीवन का प्रवेश द्वार है।

मनुष्य अपने ईश्वरीय स्रोत से अलग नहीं है और न ही कभी रहा है। वास्तव में, वह अनंत के साथ एक है। वह जो अलगाव महसूस करता है और अनुभव करता है वह मानसिक है, जो उसके अंधेपन और अविश्वास के कारण होता है। मनुष्य को कभी भी आत्मा से अलग नहीं किया जा सकता, क्योंकि वह स्वयं आत्मा है – एक संपूर्ण का एक अभिन्न अंग। वह ईश्वर (सार्वभौमिक, सर्वव्यापी आत्मा) में रहता है, चलता-फिरता है और उसका अस्तित्व है और ईश्वर (आत्मा) उसमें निवास करता

है। अधिकांश लोग ईश्वर के साथ इस घनिष्ठ संबंध से अनभिज्ञ हैं और इस अनभिज्ञता या विश्वास करने से इनकार के कारण, वे, एक अर्थ में, ईश्वर के आंतरिक जीवन से अलग हो गए हैं। फिर भी, यह अलगाव केवल उनके विचारों और विश्वासों में है, वास्तविकता में नहीं। मनुष्य अलग नहीं है और न कभी हो सकता है, लेकिन जब तक वह मानता है कि वह अलग और अकेला है, तब तक वह उतना ही कमजोर और असहाय रहता है जैसे कि वह वास्तव में था। एक बार जब मनुष्य को अनंत के साथ अपने संबंध की सच्चाई का एहसास हो जाता है, तो वह कमजोरी से शक्ति की ओर, मृत्यु से जीवन की ओर परिवर्तित हो जाता है। एक क्षण में, वह रेगिस्तान में है, बहुत दूर, कमज़ोर, अलग और अकेला; अगले में, वह स्वयं को पुत्र के सभी विशेषाधिकारों और शक्तियों के साथ, ईश्वर के पुत्र से कम नहीं मानता है। उसे तुरंत एहसास होता है कि वह अपने दिव्य स्रोत के साथ एक है और उसे कभी अलग नहीं किया जा सकता। वह इस तथ्य से अवगत होता है कि अनंत की सारी शक्ति उसे आकर्षित करने के लिए है, कि वह वास्तव में कभी असफल नहीं हो सकता है और वह जीत की ओर बढ़ रहा है।

यह मनुष्य के विचार की अविश्वसनीय शक्ति पर जोर देता है। जबकि विचार आत्मा की शक्ति नहीं है, यह वह साधन है जिसके द्वारा मनुष्य या तो खुद को अनंत शक्ति से जोड़ता है, खुद को दिव्य प्रवाह के लिए खोलता है या खुद को अलग करता है और अपने आध्यात्मिक स्रोत से अलग करता है। इस प्रकार, एक अर्थ में, मनुष्य वही बन जाता है जो वह सोचता है कि वह है। यदि वह सोचता है कि वह ईश्वर से अलग है और उसकी शक्ति से कटा हुआ है, तो यह ऐसा है जैसे कि यह सच हो और वह इतना नपुंसक और दुखी है जैसे कि वह वास्तव में ईश्वर से अलग था। इसके विपरीत, यदि वह मानता है कि वह अनंत के साथ एक है, तो

उसे पता चलता है कि यह शानदार ढंग से सच है और वह वास्तव में भगवान का पुत्र है। यदि वह सोचता है और विश्वास करता है कि वह केवल एक भौतिक प्राणी है, तो वह एक भौतिक प्राणी का सीमित जीवन जीता है और इससे ऊपर नहीं उठ सकता है। लेकिन अगर वह सोचता है और विश्वास करता है कि वह एक आध्यात्मिक प्राणी है, तो उसे एहसास होता है कि उसके पास एक आध्यात्मिक प्राणी की सभी शक्तियां हैं।

इसके अलावा, अगर वह सोचता है कि उसका काम कठिन है और उसकी क्षमताओं से परे है, तो उसे अपना काम वास्तव में चुनौतीपूर्ण और उसकी शक्तियों से परे लगता है। हालाँकि, अगर उसे लगता है कि उसका काम आसान है या, कम से कम, उसकी क्षमताओं के भीतर, तो उसे पता चलता है कि ऐसा ही है और वह अपना काम आसानी से कर सकता है।

भीतर की शक्ति अनंत है; इसमें विश्वास के माध्यम से, मनुष्य सीधे ब्रह्मांड की आध्यात्मिक शक्ति के साथ "युग्मित" हो जाता है। उसके भीतर की दिव्य चिंगारी उसे पवित्र ज्वाला से जोड़ती है, जिससे वह संभावित रूप से एक देवता बन जाता है। अपनी दिव्य विरासत तक पहुँचने से पहले मनुष्य के भीतर एक परिवर्तन होना चाहिए। उसे एक भौतिक प्राणी के रूप में, शरीर के बजाय आत्मा के बाद, एक आध्यात्मिक प्राणी के रूप में सोचना सीखना चाहिए। उड़ाऊ पुत्र की तरह, उसे "अपने पास आना" चाहिए, भूसी और सूअरों को दूर देश में छोड़कर, अपने पिता के घर लौटना चाहिए, जहाँ (जीवन की) पर्याप्त से अधिक रोटी है।

❁❁❁

अध्याय-2.

जीवन की कठिनाइयों पर काबू पाना

जीवन का असली उद्देश्य मनुष्य के लिए अनुभव के माध्यम से ज्ञान प्राप्त करना है। इसे जीवन की चुनौतियों के सामने झुककर नहीं, बल्कि उन पर काबू पाकर ही हासिल किया जा सकता है। भगवान के वादे उनसे नहीं किये जाते जो जीवन की लड़ाई में असफल होते हैं बल्कि उनसे किये जाते हैं जो जीत हासिल करते हैं। इस बात का कोई आश्वासन नहीं है कि मनुष्य के पास आसान समय होगा और वह उसके बाद हमेशा खुश रहेगा। हालाँकि, बहुसंख्यक लोग हमेशा यही चाहते हैं – एक आसान जीवन, एक अच्छा समय, पीड़ा से मुक्ति और देखभाल। उनकी खोज के बावजूद, उन्हें वह कभी नहीं मिल पाता जो वे चाहते हैं। ख़ुशी में हमेशा कोई न कोई खामी होती है, कुछ ऐसी चीज़ जो उनकी सच्ची ख़ुशी छीन लेती है या ऐसी परिस्थितियाँ जो उनकी योजनाओं को बाधित करने की साजिश रचती हैं।

जीवन विरोधाभासी है; सच्चा उद्देश्य खुशी की खोज नहीं है, फिर भी जीवन का असली उद्देश्य प्राप्त करने पर खुशी मिलती है। जो लोग जीवन के वास्तविक उद्देश्य से अनभिज्ञ हैं, लगातार खुशी की तलाश में रहते हैं, वे इसे पाने में असफल होते हैं। इच्छा-ओ-द-विस्प की तरह, यह हमेशा उनसे दूर रहता है। इसके विपरीत,

जो लोग जीवन के वास्तविक उद्देश्य को पहचानते हैं और उसका पालन करते हैं वे सक्रिय रूप से खोजे बिना खुशी प्राप्त करते हैं।

अतीत में, लोगों ने ईश्वर को एक सुविधा बना लिया, यह सोचकर कि वे इसके अनुशासन को सीखे बिना जीवन में आगे बढ़ सकते हैं। जब परेशानी आती थी या चीजें उनके अनुरूप नहीं होती थीं, तो उनका मानना था कि वे भगवान से प्रार्थना कर सकते हैं और अप्रिय परिस्थितियों को दूर कर सकते हैं। यह धारणा आज भी कायम है, लोग कठिनाइयों से बचने के लिए विभिन्न "पंथों" और "वादों" की ओर रुख कर रहे हैं। वे प्रार्थना के माध्यम से ईश्वर की विशेष

कृपा प्राप्त करने में विश्वास नहीं कर सकते हैं, लेकिन उनका दृढ़ विश्वास है कि वे अदृश्य से जो चाहते हैं वह मांग सकते हैं, यह सोचकर कि उनका अपना रास्ता हो सकता है। इसका मतलब आमतौर पर अप्रिय अनुभवों, परीक्षणों, कठिनाइयों या प्रतिकूलताओं के बिना अच्छा समय बिताना है। हालाँकि, वे केवल इंद्रधनुष का पीछा कर रहे हैं। जिस आसान जीवन की वे तलाश करते हैं वह लगातार उनसे दूर रहता है क्योंकि इसका अस्तित्व ही नहीं है। एकमात्र जीवन जो आसान लगता है वह एक मजबूत आत्मा का जीवन है जिसने विजय प्राप्त कर ली है। वास्तव में, उनका जीवन आसान नहीं है, लेकिन उनकी ताकत के कारण ऐसा प्रतीत होता है।

आसान जीवन जीना असंभव है और यदि यह संभव होता, तो जीवन जीने लायक नहीं होता। जीवन का एकमात्र उद्देश्य चरित्र का निर्माण करना और अनुभव के माध्यम से ज्ञान प्राप्त करना है। हम सभी का जीवन हमेशा कठिनाई से भरा होना चाहिए। यह पुस्तक उन लोगों की मदद के लिए लिखी जा रही है जिनका जीवन काफी चुनौतीपूर्ण है। आसान जीवन की तलाश करने वालों के लिए (जो उन्हें कभी नहीं मिलेगा, लेकिन ठीक इसके विपरीत), मेरे पास कोई संदेश नहीं है। हालाँकि, आशा है कि उन बुद्धिमान और जागृत आत्माओं के लिए, जो सत्य की खोज कर रहे हैं, चाहे उसके स्रोत की परवाह किए बिना और जीवन और उसकी कठिनाइयों से हार मानने के बजाय उन पर काबू पाने की इच्छा रखते हों, यह पुस्तक एक संदेश लेकर आएगी।

इस स्तर पर, हम इस बात पर गहराई से विचार नहीं कर सकते हैं कि हम इस जीवन में आपदाओं और प्रतिकूलताओं का सामना क्यों करते हैं या क्यों कुछ लोगों का जीवन दूसरों की तुलना में अधिक सहज होता है। हमें इस ज्ञान से संतुष्ट

होना चाहिए कि हमें मुसीबत का सामना करना है और कठिनाई पर काबू पाना है और ऐसा करने से ही हम ज्ञान प्राप्त कर सकते हैं और चरित्र का निर्माण कर सकते हैं। तो फिर, सवाल यह नहीं है कि हमें परेशानी और प्रतिकूल परिस्थितियों का सामना करना पड़ेगा या नहीं, बल्कि सवाल यह है कि हम उनका सामना कैसे करेंगे। क्या हम विजयी होंगे या हम डूब जायेंगे? क्या हम जीवन की कठिनाइयों पर विजय पा लेंगे या हम उनके सामने हार मान लेंगे?

अधिकांश लोग जीवन के सागर में भटकने वाले हैं। वे इधर-उधर ले जाए जाते हैं, हर धारा के साथ बहते और उड़ते हैं। केवल कुछ ही लोगों को एहसास होता है कि उनके भीतर अनंत की शक्ति है, जो उन्हें सभी कठिनाइयों से ऊपर उठने, कमजोरियों पर काबू पाने और विजयी अनुभव के माध्यम से ज्ञान प्राप्त करने की अनुमति देती है।

इस बिंदु पर, एक व्यावहारिक पाठक कह सकता है कि ज्ञान प्राप्त करना सब ठीक है और अच्छा है, लेकिन वह जो चाहता है वह व्यावहारिक मदद है। शायद उसके पास काम नहीं है, वह घर में बीमारी से जूझ रहा है या क़र्ज़ में डूबा हुआ है। ऐसे सभी से, मैं कहूंगा कि उनके पास अपनी सभी कठिनाइयों को दूर करने और उन पर काबू पाने के माध्यम से, ज्ञान प्राप्त करने की शक्ति है। किसी व्यक्ति की सफलता, किसी भी चीज़ से अधिक, उसके विश्वास पर निर्भर करती है – जीवन के अच्छे उद्देश्य में विश्वास, उसके भीतर की अनंत शक्ति में विश्वास और उसके रास्ते में आने वाली हर बाधा को दूर करने की उसकी क्षमता में विश्वास।

मनुष्य अपने जीवन में जिस शक्ति को ला सकता है, वह उस शक्ति में उसके विश्वास का माप है। यदि उसका विश्वास छोटा है, तो उसका जीवन कमज़ोर और

उपलब्धि से रहित होगा। यदि उसके भीतर की शक्ति में उसका विश्वास बड़ा है, तो उसके जीवन में महान शक्ति प्रकट होगी। अनंत की शक्ति असीमित और अक्षय है; बस इसमें अटूट विश्वास और विश्वास की आवश्यकता है। यहाँ तक कि सबसे कमजोर और सबसे डरपोक व्यक्ति भी इस शक्ति का उपयोग कर सकता है। डरपोक और कमज़ोर में भी वही शक्ति निवास करती है जो बहादुर और ताकतवर में होती है। पूर्व की कमजोरी उनके भीतर अनंत शक्ति में विश्वास और विश्वास की कमी का परिणाम है।

कठिनाइयाँ और परेशानियाँ हर जीवन में मौजूद रहेंगी, कभी-कभी आपदा और दिल टूटने का कारण बनती हैं। फिर भी, अपने भीतर की शक्ति का आह्वान करके, पोषित आशाओं के खंडहरों से अनुभव के माध्यम से मजबूत और "महान" होना संभव है। ख़ुशी और सच्ची सफलता इस बात पर निर्भर करती है कि जीवन की परेशानियों और कठिनाइयों का सामना कैसे किया जाता है। विपरीत परिस्थितियाँ सभी के सामने आती हैं, लेकिन अगर सही तरीके से सामना किया जाए, तो असफलता भी सफलता की सीढ़ी बन सकती है। परेशानी सभी को आती है और जबकि यह कुछ लोगों को हर तरह से मजबूत और बेहतर बनाती है, यह दूसरों को डुबो देती है, उन्हें फिर से उभरने से रोकती है। मुसीबत वही है; इसे कैसे पूरा किया जाता है, इससे फर्क पड़ता है। जो लोग अपने सीमित दिमाग और झूठे व्यक्तित्व की कमजोर ताकत के साथ कठिनाई और प्रतिकूल परिस्थितियों का सामना करते हैं, वे जीवन के तूफानों से जल्दी ही अभिभूत और टूट जाते हैं। हालाँकि, जो लोग अपने भीतर की शक्ति पर भरोसा करते हैं और उस पर विश्वास रखते हैं, वे कभी भी अभिभूत या पराजित नहीं हो सकते हैं। शक्ति

अनंत होने के कारण सदैव पर्याप्त होती है, चाहे आवश्यकता कितनी भी बड़ी क्यों न हो।

जिसे अपनी वास्तविक आध्यात्मिक पहचान का एहसास होता है वह जानता है कि वह कभी मर नहीं सकता, पराजित नहीं हो सकता या वास्तव में असफल नहीं हो सकता। वह मृत्यु नामक परिवर्तन के माध्यम से अपना शरीर खो सकता है, लेकिन वह, सच्चा मनुष्य, कभी नहीं मर सकता। न ही वह असफल हो सकता है, भले ही हजारों बार पराजित हो-उसे फिर से उठना होगा। अपने भीतर की आध्यात्मिक शक्ति पर विश्वास रखें और आप विजय और उपलब्धि की खुशियों का अनुभव कर सकते हैं। सारी चीजें आपकी हो जाएँगी सबसे पहले अपने भीतर साम्राज्य की तलाश करें (अनंत के साथ आपका आध्यात्मिक मिलन और ईश्वरीय इच्छा और उद्देश्य के साथ सामंजस्य) और ये सभी चीजें आपके साथ जुड़ जाएँगी। तुम्हें कल से डरने की कोई आवश्यकता नहीं होगी, क्योंकि तुम्हें पता चल जाएगा कि सभी प्रावधान पहले ही किए जा चुके हैं। धन संचय करने की कोई आवश्यकता नहीं होगी, क्योंकि आवश्यक दैनिक आपूर्ति हमेशा उपलब्ध रहेगी। डॉक्टर के पास रहने की कोई आवश्यकता नहीं होगी, क्योंकि ईश्वर, अनंत जीवन, आपका स्वास्थ्य होगा। पछतावे या विलाप की कोई आवश्यकता नहीं होगी, क्योंकि तुम्हें पता चल जाएगा कि सब ठीक है। भविष्य में होने वाली घटनाओं का कोई डर नहीं होगा, क्योंकि आपको एहसास होगा कि अनंत कोई गलती नहीं करता है।

❁❁❁

अध्याय-3.
भाग्य या स्वतंत्र इच्छा?

अतीत में भाग्य बनाम स्वतंत्र इच्छा के विषय पर बड़ा विवाद रहा है। एक ओर, भाग्यवादी इस बात पर जोर देते हैं कि मनुष्य भाग्य के चक्र से मजबूती से बंधा हुआ है, जिससे उसके लिए अपना जीवन पूर्व निर्धारित से अलग जीना असंभव हो जाता है। वे अपने दावे का समर्थन करने के लिए ठोस सबूत पेश करते हैं, अपने सिद्धांत पर पूरी निष्ठा से विश्वास करते हैं। दूसरी ओर, स्वतंत्र इच्छा के समर्थक समान विश्वास के साथ इस बात पर जोर देते हैं कि मनुष्य बिल्कुल भी बाध्य नहीं है और हवा की तरह स्वतंत्र है। वे अपने सिद्धांत का समर्थन करने के लिए पर्याप्त सबूत भी प्रदान करते हैं। प्रत्येक पक्ष सोचता है कि दूसरा गलत है, फिर भी दोनों गलत नहीं हो सकते। इसलिए, आइए हम स्वयं इस विषय की जाँच करें, क्योंकि यह इस पुस्तक में चर्चा किए गए विषय से महत्वपूर्ण रूप से जुड़ा हुआ है।

सबसे पहले, यह स्वीकार किया जाना चाहिए कि दोनों दृष्टिकोण आंशिक रूप से सही और आंशिक रूप से गलत हैं। मनुष्य चक्र से बंधा हुआ है, फिर भी उसके पास स्वतंत्र इच्छा है। आइए हम इस स्पष्ट विरोधाभास को समझाएँ।

आंतरिक शिक्षाओं में प्राचीन सत्य के अनुसार, एक अविकसित व्यक्ति, “प्रकट” होने से पहले, भाग्य के चक्र से निकटता से जुड़ा होता है। अविकसित

व्यक्ति अपनी इच्छाओं का पालन करता है, एक ऐसे भविष्य का निर्माण करता है जिससे बचना असंभव लगता है। जैसे-जैसे वह अधिक विकसित और मुक्त होता जाता है, वह अपनी इच्छाओं का पालन करने का विरोध करता है, इसके बजाय उच्च चीजों को पाने का प्रयास करता है। यह विकल्प एक बेहतर भविष्य का निर्माण करता है और वह बंधन की अपनी पूर्व स्थिति की तुलना में मुक्त हो जाता है। मनुष्य तब तक भाग्य का गुलाम है जब तक वह सांसारिक इच्छाओं के आगे झुक जाता है। हालाँकि, वह निचली चीज़ों पर विजय पाने और ऊँचे स्तरों पर चढ़ने के लिए स्वतंत्र है। ऐसा करने से, वह एक दर्दनाक भविष्य बनाना बंद कर देता है और वास्तव में स्वतंत्र हो जाता है।

इसलिए, भाग्य स्वयं निर्मित होता है और आगे बढ़ने से पहले इसे स्वीकार किया जाना चाहिए। जिन लोगों के पास जीवन का सीमित अनुभव है या जिनके पास अवलोकन की कमी है, वे इसके अस्तित्व से इनकार कर सकते हैं। हालाँकि, जिन लोगों के जीवन में महत्वपूर्ण परिवर्तन हुए हैं, उन्होंने व्यर्थ में उनके खिलाफ लड़ाई लड़ी है, वे जानते हैं कि जीवन की घटनाओं के पीछे एक उद्देश्य काम करता है, जिसके खिलाफ शक्तिशाली भी शक्तिहीन हैं। जीवन में ऐसे क्षण आते हैं जब कोई अत्यधिक प्रयास करता है, आलंकारिक रूप से स्वर्ग और पृथ्वी को हिलाता है, प्रार्थना करता है, त्याग करता है और आसन्न आपदा को रोकने के लिए मानवीय रूप से हर संभव प्रयास करता है। इन प्रयासों के बावजूद, भाग्य की निरंतर गति को रोका नहीं जा सकता है। यह एक विशाल रथ की तरह आगे बढ़ता है, आशाओं, पोषित मूर्तियों और जीवन के सार को कुचलता है, व्यक्तियों को उजाड़ कर देता है।

कोई यह प्रश्न कर सकता है, "यदि भाग्य इतना निर्दयी और शक्तिशाली है, तो इसके बारे में क्या किया जा सकता है और स्वतंत्र इच्छा इस मामले में कहाँ फिट बैठती है?" यह स्वीकार करना होगा कि भाग्य से लड़ना व्यर्थ है; जो जितना अधिक लड़ेगा, उसकी हार उतनी ही अधिक होगी। प्रत्येक जीवन में कुछ प्रमुख घटनाएँ अपरिहार्य हैं और उन्हें टाला नहीं जा सकता। हालाँकि, जिसे हम भाग्य कहते हैं, इन अपरिहार्य तत्वों से बचा नहीं जा सकता है, यह हमारे नियंत्रण में है कि हम प्रतिकूलताओं और आपदाओं का सामना कैसे करते हैं। अगर गलत तरीके से सामना किया जाए तो वे हमें तोड़ देते हैं; हालाँकि, उनका सही तरीके से सामना करना हमें अनुशासन और अनुभव के माध्यम से मजबूत बनाता है, जीवन की जिम्मेदारियों को उठाने और इसकी कठिनाइयों और प्रलोभनों पर काबू पाने के लिए बेहतर ढंग से सुसज्जित करता है। जो व्यक्ति जीवन की असफलताओं, दुखों,

शोकों और आपदाओं का सही भावना से सामना करता है, वह एक मजबूत और समृद्ध चरित्र बन जाता है – अनुभव के माध्यम से नरम, मजबूत, स्थिर और उन सभी के लिए एक सहायक प्रभाव जो उनका सामना करते हैं।

जब जीवन सुचारू रूप से चलता है और सब कुछ आनंदमय है, तो दर्शन या धर्म अनावश्यक लग सकता है। हालाँकि, हर जीवन में ऐसे समय आते हैं जब आत्मा को निराशा की धूल और राख से बाहर निकालने के लिए न केवल एक ठोस दर्शन की आवश्यकता होती है, बल्कि एक ऐसी शक्ति की भी आवश्यकता होती है, जो सीमित स्व के लिए अज्ञात है। सही भावना के साथ मुसीबत और प्रतिकूल परिस्थितियों का सामना करने की कोशिश करना एक बात है और ऐसा करने की शक्ति रखना बिलकुल दूसरी बात है। जो यह मानता है कि सारी शक्ति परिस्थितियों में निहित है, न कि उसके भीतर, वह कभी भी मुसीबतों पर विजय नहीं पा सकता और जीवन की कठिनाइयों पर विजय प्राप्त नहीं कर सकता। हालाँकि, जो यह महसूस करता है कि उसके पास एक अद्भुत शक्ति है जो उसे ऊपर उठा सकती है, चाहे वह कितना भी कुचला हुआ क्यों न हो, वह जीवन में कभी असफल नहीं हो सकता। चाहे कुछ भी हो, वे एक महान व्यक्ति की भूमिका निभाएंगे, जो अपने जीवन के खंडहरों से उठकर इसे अधिक सुंदरता और भव्यता में नए सिरे से बनाएंगे।

इस स्तर पर, "बड़े भाग्य" और जीवन परिस्थितियों के बीच अंतर को उजागर करना महत्वपूर्ण है। "बड़ा भाग्य", जैसा कि इसे कभी-कभी कहा जाता है, वर्तमान जीवन से पहले का है और इसका कारण इस पुस्तक के दायरे से परे है। यह कहना पर्याप्त है कि, सदियों से हम वही काटते हैं जो हम बोते हैं और हमारा भविष्य इस बात पर निर्भर करता है कि हम अब जीवन और उसकी

कठिनाइयों का सामना कैसे करते हैं। “बड़े भाग्य” से सफलतापूर्वक नहीं लड़ा जा सकता क्योंकि यह सर्वशक्तिमान कानून का कार्य है। हालाँकि, हमारा सामान्य जीवन और उसकी परिस्थितियाँ इस बात पर निर्भर करती हैं कि हम “बड़े भाग्य” का सामना कैसे करते हैं और हम उससे कैसे उबरते हैं। भले ही “भाग्य” कितना भी निर्दयी क्यों न हो, जीवन को सुंदर बनाना संभव है। भीतर की शक्ति से प्रेरित और ऊर्जावान होकर, हम अपनी मृत आशाओं की राख से उठकर दिव्य आदर्श के साथ अधिक सुंदरता और सद्भाव में अपने जीवन का निर्माण कर सकते हैं।

जो निराशा में हैं, हिम्मत रखो। अपने भीतर की शक्ति पर विश्वास करें और आप उन ऊंचाइयों तक पहुंच जाएँगे जिनके बारे में आपने कभी सपने में भी नहीं सोचा होगा। आपकी सहायता करने की इस शक्ति से, आप वह कार्य पूरा कर सकते हैं जो असंभव प्रतीत होता है।

परिशिष्ट- अध्याय-3

यहाँ हमारा जीवन एक मनमौजी व्यक्ति द्वारा शासित नहीं है जो गर्म और ठंडा चलाता है या एक व्यक्ति का पक्ष लेता है जबकि दूसरे पर अत्याचार करता है। सर्वोच्च सत्ता उन कानूनों के माध्यम से काम करती है जो बिल्कुल न्यायपूर्ण और अपरिवर्तनीय हैं। इसलिए, जीवन में सभी आपदाएँ और परेशानियाँ कुछ निश्चित कारणों के प्रभाव हैं। ये कारण अतीत में हमारे स्वयं के गलत कार्यों से उत्पन्न होते हैं, जो उन शक्तियों को गति प्रदान करते हैं जिनके विरुद्ध मनुष्य की शक्ति, बुद्धि और बुद्धि शक्तिहीन होती है। हालाँकि, क्योंकि ब्रह्मांड का मूल नियम प्रेम है, इसका मतलब यह है कि कारण और प्रभाव के नियम का कार्य प्रतिशोधात्मक नहीं है। इसका उद्देश्य हमारी सर्वोच्च भलाई है – हमें ईश्वर के साथ मिलाना या अनंत के साथ तालमेल बिठाना। इसलिए, ऊंचे स्तर पर उठकर और ईश्वर के साथ अधिक

सामंजस्य और मिलन करके, हम बड़े भाग्य की शक्ति को भी कम कर देते हैं। हम इसका विरोध नहीं कर सकते, क्योंकि ऐसा करने का मतलब सर्वशक्तिमान के खिलाफ लड़ना होगा, लेकिन हम स्वेच्छा से और अपनी मर्जी से वही काम करके इसे रोक सकते हैं जो अनुभव हमें सिखाने के लिए आता है।

तब, यह स्पष्ट हो जाएगा कि हमारा भविष्य पूरी तरह से इस जीवन में हमारे सोचने और कार्य करने के तरीके पर निर्भर करता है। हमारा भविष्य हमारे ही हाथों में है। इस जीवन में प्रेम के नियम का उल्लंघन भविष्य के लिए आपदा और पीड़ा पैदा करता है, जो किसी दिन दर्दनाक प्रकृति के "बड़े भाग्य" के रूप में प्रकट होता है। इसलिए, अभी सही सोच और सही काम करके, हम न केवल इस जीवन में स्थितियों में सुधार करते हैं बल्कि एक ऐसा भविष्य भी बनाते हैं जो अब तक हमारे द्वारा अनुभव की गई किसी भी चीज़ से अधिक सामंजस्यपूर्ण और मुक्त होगा।

यह बताना भी आवश्यक है कि, इस जीवन में भी, इसकी कुछ महत्वपूर्ण आपदाएँ इस वर्तमान अस्तित्व के दौरान किए गए विचारों और कार्यों से उत्पन्न होती हैं। एक युवा या नवयुवक कोई ऐसी मूर्खता कर सकता है जिसका बाद के जीवन में भयानक प्रतिफल मिलेगा। वैकल्पिक रूप से, कोई व्यक्ति किसी अन्य व्यक्ति को गंभीर नुकसान पहुंचा सकता है और वर्षों बाद, कोई अन्य व्यक्ति भी उसके साथ वही गलत कर सकता है। कारण और प्रभाव के इस स्तर पर, यह हमेशा आँख के बदले आँख और दाँत के बदले दाँत होता है, लेकिन ग्रेट वे शावर, प्रेम की शक्ति की शिक्षा के माध्यम से, हमें इन निचली चीजों से ऊपर उठने और जीवन जीने में सक्षम बनाता है सद्भाव और शांति का।

❁❁❁

अध्याय-4.
कारण और प्रभाव

मनुष्य ही अपने जीवन में आने वाली विपत्तियों का कारण है। वह युगों तक वैसा ही काटता है, जैसा वह बोता है। जीवन पूरी तरह से न्यायपूर्ण है और प्रत्येक व्यक्ति को उसके कार्यों के अनुसार पुरस्कार देता है। वर्तमान का भाग्य, शायद, सुदूर अतीत में उसके बोए गए फल की फसल है। इसलिए, इस जीवन की आपदाओं और कष्टों को एक मनमौजी और अनुचित भगवान के हस्तक्षेप के लिए जिम्मेदार नहीं ठहराया जाना चाहिए, क्योंकि सच्चाई यह है कि, वे पूरी तरह से न्यायपूर्ण कानून के सटीक कार्य के कारण हैं। भाग्य, एक बार निर्मित होने के बाद, अपरिवर्तनीय होता है। इससे न तो लड़ा जा सकता है और न ही इससे बचा जा सकता है। भाग्य के विरुद्ध लड़कर, मनुष्य केवल अपने आप को टुकड़े-टुकड़े कर लेता है। ऐसा करना पत्थर की चट्टान पर अपना सिर चलाने के बराबर है: वह जितना जोर से हमला करेगा, उसके सिर को उतनी ही अधिक क्षति होगी – लेकिन चट्टान पर कोई प्रभाव नहीं पड़ेगा। भाग्य, हालांकि काफी हद तक स्व-निर्मित है, वास्तव में जीवन का दिव्य उद्देश्य है: इसलिए, इसका विरोध करना भगवान के खिलाफ लड़ना है। भाग्य, फिर से, किसी भी प्रतिशोधात्मक अर्थ में सजा नहीं है; यह कुछ उपचारात्मक अनुभवों का एक साथ चित्रण है जिसके माध्यम से आत्मा उन सबक को सीख सकती है जो वह पिछले युगों में सीखने में विफल रही है और

इस प्रकार ज्ञान प्राप्त कर सकती है। भाग्य का उद्देश्य व्यक्ति की सर्वोच्च भलाई है, हालाँकि इसमें कष्ट और दर्दनाक अनुभव शामिल हो सकते हैं।

चूँकि मनुष्य के जीवन में आपदाएँ अतीत के गलत कार्यों के कारण होती हैं, इसलिए स्वाभाविक रूप से इसका अर्थ यह है कि उसका भविष्य इस बात पर निर्भर करता है कि वह आज किस प्रकार का जीवन जी रहा है। यदि, अतीत में, उसने अपने लिए घटनाओं और अनुभवों का एक क्रम बनाया है जिससे उसके लिए बचना असंभव है, तो यह स्पष्ट है कि उसका भविष्य का जीवन पूरी तरह से इस पर निर्भर करता है कि वह वर्तमान को कैसे जीता है। यह देखा जाएगा कि

यदि मनुष्य वर्तमान जीवन से सबक सीख सकता है और इस तरह से जी सकता है कि भविष्य के लिए परेशानी पैदा करना बंद कर दे, तो वह मुक्ति के पथ पर चढ़ना शुरू कर रहा है, जो कि वह मार्ग है जिसका अनुसरण सभी उन्नत आत्माओं को करना है या, बल्कि, अनुसरण करने का विशेषाधिकार प्राप्त है। इस मार्ग पर चलने से मनुष्य भाग्य के चक्र में बंधना बंद कर देता है।

यह छोटा सा कार्य पुनर्जन्म नहीं सिखाता है, लेकिन इसकी शिक्षा इस विश्वास पर आधारित है कि मनुष्य, वास्तव में, एक आध्यात्मिक प्राणी है, पवित्र अग्नि से निकली एक दिव्य चिंगारी है। आत्मा अमर होने के कारण उसका कोई आरंभ या अंत नहीं है; इसलिए, यह हमेशा जीवित रहता है। यह वर्तमान जीवन अनगिनत अनुभवों में से एक है, जिनमें से प्रत्येक अनुभव चरित्र निर्माण में मदद करता है। कोई मृत्यु नहीं होती, केवल एक वाहन से दूसरे वाहन में परिवर्तन होता है। वास्तविकता में कोई शुरुआत या अंत या समय नहीं है; ये केवल मानव मन की सीमाएँ हैं। मनुष्य का मरना असंभव है; वह केवल अपना शरीर छोड़ सकता है। वह खुद को नहीं मार सकता, कोशिश करो कि वह कैसे करेगा; वह केवल अपने आप को अपने शरीर से बाहर निकाल सकता है। मनुष्य को हमेशा आगे बढ़ना चाहिए, चाहे उसे यह पसंद हो या न हो; वह युगों-युगों तक आगे बढ़ता है, जैसा वह बोता है वैसा ही काटता है।

हम पहले ही देख चुके हैं कि मनुष्य भाग्य से बच नहीं सकता या उसके विरुद्ध सफलतापूर्वक संघर्ष नहीं कर सकता, लेकिन वह ईश्वरीय विधान के अनुरूप जीवन जीकर भाग्य के चक्र से मुक्त हो सकता है। इस बिंदु पर, यह बताना आवश्यक है कि मनुष्य की अधिकांश परेशानियाँ भाग्य के कारण नहीं होती हैं, बल्कि महान योजना के खिलाफ लड़ने या उसका विरोध करने की

कोशिश के कारण होती हैं। यदि जीवन के अनुभवों का विरोध किया जाता है या इसके अनुशासन से बचने का प्रयास किया जाता है, तो परेशानियाँ और कठिनाइयाँ दोहराई जाएँगी और अधिक दर्दनाक और आग्रहपूर्ण हो जाएँगी जब तक कि उनका सबक नहीं सीखा जाता है और जीवन तदनुसार बदल नहीं जाता है। इसलिए मनुष्य के पास अपने वर्तमान जीवन को बेहतर बनाने के साथ-साथ एक बेहतर भविष्य बनाने की शक्ति भी है, बस आज अपना जीवन ईश्वरीय कानून के अनुरूप जीकर।

इसके अलावा, यह बताना आवश्यक है कि सभी विचारों और कार्यों का तत्काल और साथ ही दूरगामी प्रभाव होता है। यह सच है कि यहाँ जीवन का पूरा प्रभाव तब तक नहीं मिलता जब तक कि इस स्तर पर हमारा छोटा सा कोर्स पूरा नहीं हो जाता, लेकिन फिर भी वर्तमान जीवन में बड़े अंतर प्रभाव डालते हैं। जिस तरह से एक युवा अपने अवसरों का उपयोग करता है या उन्हें फेंक देता है, उससे काफी हद तक उसका वयस्क करियर बनता है या बर्बाद हो जाता है। अवसर, एक बार निकल जाने के बाद, कभी वापस नहीं आते। हमारे साथी मनुष्यों के साथ किए गए पाप और गलतियाँ जीवन में बाद में उलटे तरीके से दोहराए जाने की एक अप्रिय आदत होती हैं। उदाहरण के लिए, एक आदमी जीवन में आगे बढ़ सकता है और अपनी स्वार्थी चढ़ाई में, अपने से कमजोर व्यक्ति को रौंद सकता है, उसे बर्बाद कर सकता है और निराशा की ओर ले जा सकता है। वर्षों बाद, संभवतः उससे भी अधिक मजबूत और अधिक अनुकूल स्थिति वाला कोई व्यक्ति उसके साथ बिल्कुल वैसा ही व्यवहार करेगा। इसलिए, तत्काल बुआई और कटाई होती है जिसका फल इस जीवन में मिलता है। “तत्काल” से इसका तात्पर्य इस जीवन के दायरे से है। कटाई में दस या बीस साल की देरी हो सकती है,

लेकिन लेखक के अनुभव में, यह कभी-कभार ही आता है। "मनुष्य जो कुछ बोएगा, वही काटेगा।" इसलिए, जो लोग सोचते हैं कि जीवन न्यायसंगत नहीं है और जो उनके साथ किए जाने वाले व्यवहार के बारे में रोते और शिकायत करते हैं, वे बस अपनी परेशानियां बढ़ा रहे हैं। जब तक मनुष्य को यह एहसास नहीं होता कि उसकी सभी परेशानियों का कारण उसके भीतर ही है, तब तक वह कभी भी समस्या का समाधान करने के लिए कुछ नहीं कर सकता क्योंकि, जाहिर है, केवल एक चीज जो उसके लिए आवश्यक है वह है अपने भीतर बदलाव लाना। अपने जीवन को बदलने से पहले मनुष्य को अपने अंदर बदलाव लाना होगा। उनके विचार, उनके आदर्श, जीवन के प्रति उनका दृष्टिकोण, सब बदलना होगा। जब यह परिवर्तन प्रभावी हो जाता है, तो वह न केवल अपने वर्तमान जीवन को सुधारना शुरू कर देता है, बल्कि भविष्य के लिए एक निष्पक्ष और श्रेष्ठ जीवन का निर्माण करता है।

तो फिर, मनुष्य को बदलना होगा। उसकी इच्छाओं और आकांक्षाओं को नफरत और बुराई की ओर निर्देशित करने के बजाय, प्यार और अच्छाई में बदलना चाहिए। वासना और स्वार्थ में डूबे रहने के बजाय, उसे खुद को उच्चतर और बेहतर चीजों की ओर उठाना चाहिए। यह कैसे किया जा सकता है? इसे सीमित मनुष्य द्वारा बिल्कुल भी पूरा नहीं किया जा सकता है, लेकिन इसे भीतर की अनंत शक्ति द्वारा हासिल किया जा सकता है। यह केवल तभी होता है जब मनुष्य अनंत के साथ अपनी एकता का एहसास करता है और मानता है कि सर्वशक्तिमान शक्ति उसके निपटान में है, तभी उसके भीतर की आध्यात्मिक शक्ति उपलब्ध हो जाती है। जब तक मनुष्य के मन में संदेह और भय या अविश्वास है, तब तक यह

विशेष शक्ति उपलब्ध नहीं है यह उसका है, लेकिन उसके दिल और दिमाग की स्थिति उसे शक्ति की उपस्थिति का एहसास करने या उसका उपयोग करने से रोकती है। वर्कशॉप की मशीनरी चलाने से पहले, इसे इंजन कक्ष से जोड़ा जाना चाहिए। उसी तरह, मनुष्य को नया जीवन जीने से पहले अनंत जीवन और शक्ति के साथ एक होना होगा।

शक्ति के इस नए जीवन में प्रवेश करने से जीवन के अनुभव, उसके परीक्षण, परेशानियाँ और प्रतिकूलताएँ दूर नहीं होती हैं, लेकिन भीतर का परिवर्तन अनावश्यक परेशानियों और पीड़ा के निर्माण को रोकता है। साथ ही, तथाकथित निर्दयी भाग्य भी घाव देने की अपनी अधिकांश शक्ति खो देता है, क्योंकि जितना ऊँचा व्यक्ति ईश्वर और अनंत प्रेम के साथ जुड़ जाता है, उसके जीवन में उतनी ही कम शक्ति होती है। यह अभी भी काम करता है, लेकिन यह इतना गहरा घाव करने में विफल रहता है, क्योंकि मनुष्य, रोशन आँखों से देखकर जानता है कि यह अच्छा है जो आशीर्वाद देने आया है; और वह बुराई नहीं जो घात करने को आई है। दर्दनाक भाग्य तब चोट पहुँचाने की अपनी शक्ति खो देता है जब मनुष्य उसका विरोध करना बंद कर देता है और खुली बांहों के साथ उसका सामना करता है, जो सबक उसे सिखाना होता है उसे सीखने की कोशिश करता है।

अध्याय-5.
सफलता

यहाँ सफलता से तात्पर्य किसी सार्थक चीज़ की उपलब्धि से है जो दुनिया को बेहतर और समृद्ध बनाएगी और आम भलाई में कुछ जोड़ेगी। जीवन में हमारा क्षेत्र बहुत विनम्र हो सकता है, लेकिन अगर हम अपनी कमजोरियों पर काबू पाते हैं, जीवन के पथ पर दूसरों की मदद करते हैं और अपने दैनिक कार्य को आवश्यकता से बेहतर करते हैं, तो हमारा जीवन सफल होने के अलावा और कुछ नहीं हो सकता है। यदि, अपने जीवन के अंत में, हम इसके लिए आभारी हो सकते हैं, यह महसूस करते हुए कि हमने इसका सर्वोत्तम संभव उपयोग किया है, तो हमने वास्तविक सफलता हासिल की है।

अज्ञानी लोगों के लिए सफलता का मतलब धन संचय करना और प्रसिद्धि जीतना हो सकता है। फिर भी जो लोग इन चीज़ों को हासिल करने के लिए अपना जीवन समर्पित कर देते हैं, वे जीवन में सबसे बड़ी असफलता हैं। वे धन प्राप्त करते हैं, यह सच है, लेकिन उन्हें पता चलता है कि उनका पैसा केवल वही चीजें खरीद सकता है जिनसे कोई संतुष्टि नहीं मिलती है: कि यह उनके लिए कोई भी ऐसी चीज नहीं खरीद सकता है जो वास्तव में उनके लायक है। इस खोखली तरह की सफलता हासिल की जा सकती है, लेकिन बहुत बड़ी कीमत पर। सभी महानतम शिक्षक ने एक बार कहा था: "यदि मनुष्य सारे जगत को प्राप्त करे और

अपना प्राण खो दे तो उसे क्या लाभ होगा?" अगर किसी व्यक्ति को खुशी, स्वास्थ्य, जीवन का आनंद, घरेलू जीवन और प्रकृति की सुंदरता और साधारण सुखों की सराहना करने की क्षमता की कीमत पर आगे बढ़ना है तो इससे उसे क्या लाभ होता है?

फिर भी मनुष्य को प्रयत्नशील होना चाहिए। उसे हमेशा बेहतर चीजों की तलाश करनी चाहिए और खुद को और अधिक परिपूर्णता से अभिव्यक्त करना चाहिए। जो व्यक्ति बेहतर चीजों की ओर बढ़ने के लिए कोई प्रयास किए बिना जीवन में बहता रहता है, वह नागरिक कहलाने के योग्य नहीं है। मनुष्य को, यदि

उसे नाम के योग्य बनना है, तो उसे सदैव प्रयासरत रहना चाहिए, विजय प्राप्त करनी चाहिए, ऊपर उठना चाहिए। जीवन में असफलता सदैव चरित्र की कमजोरी के कारण होती है। यह केवल मजबूत चरित्र ही हैं जो जीवन के थपेड़ों का विरोध कर सकते हैं और इसकी कठिनाइयों पर काबू पा सकते हैं। जो व्यक्ति अपने जीवन को सम्मान के योग्य बनाएगा और जो उच्च उपलब्धि और सेवा तक पहुंचेगा, उसे हर मोड़ पर कठिनाई का सामना करना पड़ेगा। यह वैसा ही है जैसा होना चाहिए, क्योंकि यह कमज़ोर और अयोग्य उम्मीदवारों को बाहर निकालता है और उन लोगों को इनाम देता है जो आम तौर पर विश्वास, साहस, दृढ़ता, धैर्य, दृढ़ता, दृढ़ता, प्रसन्नता और चरित्र की ताकत का प्रदर्शन करते हैं।

सफलता, विशेष रूप से भौतिक सफलता, अपने आप में उस व्यक्ति के लिए अधिक लाभकारी नहीं होती जो इसे जीतता है। यह लंबे समय तक संतुष्ट नहीं करता है, लेकिन यह अन्य तरीकों से मूल्यवान है। उदाहरण के लिए, सेवा पर आधारित सफलता, समुदाय के लिए लाभकारी होती है। यदि इस प्रकार के सफल लोग न होते, तो आम आदमी के लिए बुरा समय होता। साथ ही, सफलता की जीत से चरित्र का निर्माण होता है। जो व्यक्ति जीवन की लड़ाई में सफल होगा उसे हर संभव तरीके से परीक्षण और प्रयास के लिए तैयार रहना चाहिए। जो इन सबसे बच जाता है उसका चरित्र लगभग हर दिशा में विकसित हो जाता है। हालाँकि, उसकी सफलता में भी, उसे प्रलोभित किया जाएगा और आज़माया जाएगा। जो व्यक्ति व्यवसाय के कठोर संघर्ष में लगा हुआ है या जो सार्वजनिक जीवन में भाग लेता है, यदि वह स्वयं पर बहुत सावधानी से ध्यान नहीं देता है, तो वह कठोर और निर्दयी हो सकता है। सभी विफलताओं में से, यह संभवतः सबसे

खराब है। जो अन्य दिशाओं में सफल होता है और एक "कठोर आदमी" बन जाता है, आख़िरकार, वह एक खेदजनक विफलता है।

फिर, सफल, प्रयासरत, चढ़ाई करने वाले प्रकार के लोग उन लोगों की तुलना में कहीं अधिक प्रलोभित होते हैं जो उद्यम करने से डरते हैं और जो सामान्यता की घाटी में रहते हैं। यह सच है, न केवल उन लोगों के लिए जो आध्यात्मिक प्राप्ति के कठिन पथ पर चढ़ना चाहते हैं, बल्कि उनके लिए भी जो सांसारिक मामलों में सफल हैं। प्रत्येक मामले में, उन्होंने अपने पास महान शक्तियां और प्रभाव रखे हैं, जैसा कि आम आदमी छोटे सपने देखता है। यह एक गंभीर जिम्मेदारी है, क्योंकि यदि इन शक्तियों का उपयोग आत्म-प्रशंसा के लिए किया जाता है, तो परिणाम विनाशकारी होते हैं। इस प्रकार, जो लोग चढ़ते हैं वे हर तरफ से बहुत ही सूक्ष्म प्रकार के प्रलोभनों से घिरे होते हैं, जिनके आगे झुकने पर जीवन बर्बाद हो जाएगा और आत्मा को गंभीर चोट पहुंचेगी।

जीवन एक सतत संघर्ष है सामान्य व्यक्ति के लिए यह आम तौर पर परिस्थितियों और जीवन की सामान्य कठिनाइयों से लड़ाई है जो उसकी नजर में बहुत महत्वपूर्ण हैं। अधिक उन्नत आत्मा को इन चीजों से ज्यादा परेशानी नहीं होती है – वह उनसे ऊपर उठ जाता है – लेकिन उसे बहुत अधिक मात्रा में और बहुत अधिक सूक्ष्म तरीके से प्रलोभित किया जाता है और प्रयास किया जाता है। जो लोग सोचते हैं कि एक निश्चित "पंथ" या "वाद" का पालन करके, वे जीवन में एक असमान यात्रा कर पाएँगे, वे केवल खुद को धोखा दे रहे हैं। जैसे-जैसे वह जीवन की उन कठिनाइयों पर विजय पाना सीखता है जो सामान्य व्यक्ति को परेशान करती हैं, उसे अन्य और अधिक सूक्ष्म तरीकों से प्रलोभित किया जाएगा और प्रयास किया जाएगा। ऐसा इसलिए है क्योंकि जीवन केवल क्षणिक आनंद

के लिए नहीं है, बल्कि अनुभव के माध्यम से चरित्र के निर्माण के लिए है। इसलिए, जो सफल होगा उसे मजबूत, बुद्धिमान और धैर्यवान होना चाहिए। जो लोग अपने जीवन को वास्तव में सार्थक बनाने की इच्छा रखते हैं: जो अपने साथियों की अधिक पूर्णता से सेवा करने की इच्छा रखते हैं: जो अनुभव के माध्यम से चरित्र का निर्माण करना चाहते हैं और विरासत में मिली या अन्यथा अपनी सभी कमजोरियों पर काबू पाना चाहते हैं, उन्हें अपने भीतर शक्ति और ज्ञान की तलाश करनी चाहिए।

हालाँकि, यह बताया जाना चाहिए कि मनुष्य को अपनी आध्यात्मिक शक्तियों का उपयोग स्वार्थी उद्देश्यों और आत्म-प्रशंसा के लिए नहीं करना चाहिए। एक अपरिवर्तनीय कानून है, जो सभी युगों से आंतरिक शिक्षण के लिए जाना जाता है, जो धन या यहाँ तक कि दैनिक रोटी के निर्माण के लिए आध्यात्मिक शक्तियों का उपयोग करने से मना करता है। यीशु उसी आध्यात्मिक नियम के अधीन थे और बिल्कुल हमारी ही तरह उनकी परीक्षा हुई थी। प्रलोभन देने वाले ने कहा: "इस पत्थर को आदेश दो कि इसकी रोटी बन जाए।" यदि मसीह ने पत्थर को रोटी में बदल दिया होता, तो वह अपने महान मिशन में विफल हो गया होता, लेकिन वह कानून जानता था। आज ऐसे हजारों लोग हैं जो अपनी आध्यात्मिक शक्तियों के दुरुपयोग से न केवल पत्थरों को रोटी में बदलने की कोशिश कर रहे हैं, बल्कि मोटर कारों, मोटे बैंक बैलेंस और जमीनों और घरों में भी बदलने की कोशिश कर रहे हैं। ऐसे लोग विनाश की ओर बढ़ रहे हैं, क्योंकि वे ब्रह्मांड की संयुक्त आध्यात्मिक शक्ति के विरुद्ध काम कर रहे हैं। आत्माओं का शत्रु उन लोगों को प्रदान करता है जिन्होंने ब्रह्मांड की अटूट शक्ति का दोहन करना सीख लिया है और जिन्होंने यह जान लिया है कि वे ईश्वर के पुत्र हैं, धन, शक्ति,

वैभव, पुरुषों की प्रशंसा – चमकदार चीजें जो नष्ट हो जाती हैं – यदि केवल वे ऐसा करेंगे अपनी ईश्वर प्रदत्त शक्ति का दुरुपयोग करें। यीशु की तरह, उन्हें इनकार करना होगा। उन्हें सेवा को स्वयं से पहले रखना चाहिए और हड़पने के बजाय देना चाहिए।

आज हज़ारों लोगों को जीवन पर अपनी मानवीय इच्छा को थोपना और धन और शक्ति प्राप्त करने के लिए गुप्त शक्तियों का उपयोग करना सिखाया जा रहा है। उन्हें मौन में प्रवेश करना और "वे क्या चाहते हैं" मांगना सिखाया जाता है। "आप जो चाहते हैं उसे कैसे प्राप्त करें" इन आधुनिक शिक्षकों का नारा है। योग्यता नहीं, सेवा नहीं, देना नहीं, बल्कि मांग करना, मानवीय इच्छा-शक्ति और गुप्त शक्तियों के प्रयोग से मजबूर करना। यह आत्माओं के दुश्मन का एक और उपकरण है और यह सत्य के हजारों चाहने वालों को रास्ते से भटका रहा है। इस विषय पर एक अलग अध्याय में अधिक विस्तार से चर्चा की गई है।

तथापि, यदि मनुष्य की महत्वाकांक्षा पकड़ने और छीनने की बजाय सेवा करने और देने की है: यदि, वह योग्यता के माध्यम से सफलता चाहता है न कि अपनी आध्यात्मिक शक्तियों के दुरुपयोग के माध्यम से, तो वह आगे बढ़ सकता है और शक्ति ऐसा करेगी उसके साथ जाओ और उसकी मदद करोगे जब एक बार शक्ति जागृत हो जाती है, तो मनुष्य को सभी विशुद्ध स्वार्थी प्रयास बंद कर देने चाहिए, हालाँकि, निस्संदेह, उसके उद्देश्य में अभी भी बहुत स्वार्थ होगा। उसे अपनी सफलता सेवा के माध्यम से और महान उद्देश्यों के माध्यम से प्राप्त करनी चाहिए: योग्यता और उचित आदान-प्रदान के माध्यम से, जीवन से सफलता को छीनने की कोशिश करने के बजाय, चाहे इससे कोई भी पीड़ित हो।

इसके अलावा, जब इस शक्ति को अभिव्यक्ति में लाया जाता है तो इसका उपयोग केवल प्रेम में किया जाना चाहिए, क्योंकि यदि इसका अन्यथा उपयोग किया जाता है तो यह उपयोगकर्ता को नष्ट कर देगा। फिर, शक्ति का उपयोग सीमित मानवीय इच्छा द्वारा नहीं किया जाना चाहिए, बल्कि यह पता लगाने का प्रयास किया जाना चाहिए कि संपूर्ण की इच्छा क्या है और उसके साथ सामंजस्य स्थापित करके काम करना चाहिए।

प्रत्येक जीवन के पीछे ईश्वरीय इच्छा और उद्देश्य है। प्रत्येक जीवन परिपूर्ण है क्योंकि यह सार्वभौमिक मन में चित्रित है। सर्वोच्च सफलता, वास्तव में, एकमात्र सच्ची सफलता, महान ब्रह्मांडीय उद्देश्य के अनुसार जीवन जीना है या, दूसरे शब्दों में, जैसा कि यह एक मन में चित्रित है।

हालाँकि, यह कल्पना न करें कि यह सार्वभौमिक मन की इच्छा है कि मनुष्य असफल हो या उपलब्धि में कमी हो। इससे बहुत दूर, क्योंकि हमें केवल यह देखने के लिए ब्रह्मांड का चिंतन करना है कि अनंत मन हमेशा प्राप्त करता है और यह कभी विफल नहीं होता है। मनुष्य को भी सफल होना चाहिए, लेकिन उसे अपनी महत्वाकांक्षा के साथ ज्ञान को मिलाना चाहिए और किसी विशुद्ध स्वार्थी उद्देश्य के बजाय समग्र हित के लिए काम करना चाहिए।

मनुष्य के लिए जीवन में कुछ हद तक "आगे बढ़ना" स्वाभाविक है। "आगे बढ़ने" के लिए उसे और अधिक कुशल बनना होगा और इस प्रकार जीवन और अपने साथियों की बेहतर सेवा करनी होगी। इसलिए इस तरह की सफलता में कोई बुराई नहीं है गरीब और अप्रिय परिवेश में रहने वाले किसी व्यक्ति के लिए खुद को बेहतर परिस्थितियों में उठाने की महत्वाकांक्षा रखना स्वाभाविक और प्रशंसनीय भी है। यह बिल्कुल सही है कि वह अपनी पत्नी और परिवार के जीवन

को उज्जवल और बेहतर बनाने की इच्छा रखे। जब तक वह बुद्धिमानी से महत्वाकांक्षा में लिप्त रहता है और यदि वह अपने साथियों की बेहतर सेवा के माध्यम से सफलता चाहता है, तो उसका उद्देश्य प्रशंसनीय है। हालाँकि, यदि वह अपनी महत्वाकांक्षा पर अंकुश नहीं लगाता है और उसे अपने साथ "भागने" की अनुमति देता है, तो वह जीवन में सभी वास्तविक आनंद खो देगा और अंत में, जब बहुत देर हो जाएगी, तो वह अपने दुःख से सीखेगा। कि उसका जीवन, बहुत अधिक "सफलता" के बावजूद, असफल रहा है।

लेखक का अनुभव यह रहा है कि यह आवश्यक है कि हम सदैव प्रगति करते रहें, उपलब्धि हासिल करें, सफलता प्राप्त करें और सफल होने के लिए प्रयासरत रहें। ब्रह्मांड के सबसे महान नियमों में से एक प्रगति है, इसलिए स्थिर रहना घातक है। हमें आगे बढ़ना चाहिए, हमें हासिल करना चाहिए, हमें चीजें हासिल करनी चाहिए। यदि हम ऐसा करते हैं, तो हम पा सकते हैं कि कई चीजें जिनके लिए हमें बहुत अधिक प्रयास और कड़ी मेहनत करनी पड़ती है, वे करने लायक नहीं हैं, फिर भी हम हर समय अनुभव के माध्यम से सीख रहे हैं और मजबूत हो रहे हैं और बड़ी चीजों के लिए तैयार हो रहे हैं। सच्ची संतुष्टि पाने में बार-बार असफल होने के बाद हम अंततः सच्चे ज्ञान, ज्ञान और समझ तक पहुँचते हैं। हम तब बुद्धिमान हैं, यदि दुनिया अपने चरणों में रखते हुए, हम बहुत ही मध्यम भौतिक सफलता से संतुष्ट हो सकते हैं और अपना ध्यान और आकांक्षाओं को उच्च और बेहतर चीजों की ओर मोड़ सकते हैं।

इस अध्याय के समापन में यह बता दिया जाए कि सफलता और उपलब्धि स्वर्ग से तैयार होकर आपकी झोली में नहीं गिरेगी। जो भी सफल होते हैं वे काम के भूखे होते हैं, परिश्रम करते हैं जबकि अन्य लोग खेलते और सोते हैं। इसके

विपरीत सभी शिक्षाएँ ग़लत हैं। यह सोचना कि सफलता आपको तब मिलेगी जब वह योग्यता के बिना होगी, सिर्फ इसलिए कि आप "पुष्टि" का उपयोग करते हैं या मानसिक "उपचार" का उपयोग करते हैं, यह पहली मूर्खता है। दूसरी ओर, आंतरिक शक्तियों का उपयोग गुप्त तरीके से करना, ताकि भौतिक चीज़ों या "सफलता", तथाकथित, किसी भी आकार या रूप में, आपके पास आने के लिए मजबूर किया जा सके, काला जादू है। जो व्यक्ति ऐसी प्रथाओं पर उतर आता है वह काला जादूगर बन जाता है और अपने लिए भयानक प्रतिशोध कमाता है। जीवन के मामलों में सफल होने का केवल एक ही तरीका है और वह है स्वयं को अधिक उपयोगिता और सेवा की ओर बढ़ाना। पहले से बेहतर काम करके, अधिक ज़िम्मेदारी उठाकर, आप मानवता की बेहतर सेवा करते हैं और इसलिए सफलता के पात्र होते हैं। मास्टर ने कहा, "प्राप्त करने की तुलना में देना अधिक धन्य है," और यह जीवन के व्यावहारिक और भौतिक मामलों में भी सच है। सबसे पहले, आपको बेहतर और अधिक मूल्यवान सेवा देनी होगी: दूसरे शब्दों में, इससे पहले कि आप इसे साकार होते देखने की उम्मीद करें, योग्य और योग्य हों। काटने से पहले आपको बोना होगा: इससे पहले कि आप किसी बड़े स्थान पर कब्जा करने में सक्षम हों, आपको अपनी वर्तमान स्थिति के लिए बहुत बड़ा बनना होगा। आपको हर संभव तरीके से बढ़ना और विस्तार करना चाहिए और जैसे-जैसे आप बढ़ेंगे आपकी सफलता भी बढ़ेगी। बाहरी सफलता केवल एक प्रतिबिंब है, ऐसा कहा जा सकता है कि आप वास्तव में क्या हैं और मानवता के लिए अधिक से अधिक मूल्यवान सेवा का परिणाम है। इस कठिन परिस्थिति से बाहर निकलने के लिए महान प्रयास और दृढ़ संकल्प की आवश्यकता होती है, लेकिन जब तक

आपकी महत्वाकांक्षा नीच या स्वार्थी नहीं है, तब तक आपके भीतर आपकी सभी जरूरतों के लिए पर्याप्त शक्ति पाई जाएगी।

सफलता हासिल करने के लिए, चाहे जीवन की आपाधापी में या आध्यात्मिक प्रगति के अधिक कठिन रास्ते पर, कल्पना, दूरदर्शिता, साहस, विश्वास, दृढ़ संकल्प, दृढ़ता, दृढ़ता, आशा, प्रसन्नता और अन्य गुणों की आवश्यकता होती है। ये सभी भीतर पाए जाते हैं। ये सभी गुण कमोबेश हमारे भीतर सुप्त अवस्था में हैं और यदि हम मानते हैं कि अनंत शक्ति हमारी है तो इन्हें अभिव्यक्ति में लाया जा सकता है।

हालाँकि, फिर से चेतावनी दोहराई जानी चाहिए कि इस शक्ति का उपयोग स्वार्थी आत्म-प्रशंसा के लिए नहीं किया जाना चाहिए, इसका उपयोग दूसरों को प्रभावित करने या उन पर हावी होने के लिए तो बिल्कुल भी नहीं किया जाना चाहिए या, बल्कि, दुरुपयोग किया जाना चाहिए। यदि इस शक्ति का दुरुपयोग किया जाता है तो परिणाम भयानक और विनाशकारी होते हैं। इसलिए, शक्ति का उपयोग केवल अच्छे और महान उद्देश्यों की प्राप्ति के लिए और सेवा में करें जो आपके साथियों के जीवन को समृद्ध बनाएगी, सामान्य भलाई में योगदान देगी। इस स्तर पर पहुँचने के बाद आपको आगे बढ़ना होगा। कोई पीछे नहीं हट सकता आगे भी, दैवीय आग्रह आपको अधिक उपलब्धि और सिद्धि की ओर भेज रहा है। जिस प्रकार निश्चित रूप से ग्रहों को सूर्य के चारों ओर घूमना चाहिए और अपनी नियति को पूरा करना चाहिए, उसी प्रकार आपको भी आगे बढ़ना चाहिए। तो फिर, यह देखें कि आपके लक्ष्य और महत्वाकांक्षाएँ शाश्वत ज्ञान पर आधारित हैं, क्योंकि इसी पर आपका पूरा भविष्य निर्भर करता है।

हालाँकि, यदि मनुष्य की महत्वाकांक्षा सेवा करने और देने की है, न कि पकड़ने और छीनने की: यदि, वह योग्यता के माध्यम से सफलता चाहता है, न कि अपनी आध्यात्मिक शक्तियों के दुरुपयोग के माध्यम से, तो वह आगे बढ़ सकता है और शक्ति साथ चलेगी उसे और उसकी मदद करेंगे एक बार जब शक्ति जागृत हो जाती है, तो मनुष्य को सभी विशुद्ध स्वार्थी प्रयास बंद कर देने चाहिए, हालाँकि, निस्संदेह, उसके मकसद में अभी भी बहुत स्वार्थ होगा। उसे अपनी सफलता सेवा के माध्यम से और महान लक्ष्यों को प्राप्त करने के माध्यम से प्राप्त करनी चाहिए: योग्यता और उचित आदान-प्रदान के माध्यम से, जीवन से सफलता को छीनने की कोशिश करने के बजाय, चाहे इससे किसी को भी कष्ट हो।

इसके अलावा, जब इस शक्ति को अभिव्यक्ति में लाया जाता है, तो इसका उपयोग केवल प्रेम में किया जाना चाहिए, क्योंकि यदि इसका अन्यथा उपयोग किया जाता है, तो यह उपयोगकर्ता को नष्ट कर देगा। फिर, शक्ति का उपयोग सीमित मानव इच्छा द्वारा नहीं किया जाना चाहिए, बल्कि यह पता लगाने का प्रयास किया जाना चाहिए कि संपूर्ण की इच्छा क्या है और उसके साथ सामंजस्य स्थापित करके काम किया जाना चाहिए।

प्रत्येक जीवन के पीछे ईश्वरीय इच्छा और उद्देश्य है। प्रत्येक जीवन परिपूर्ण है क्योंकि यह सार्वभौमिक मन में चित्रित है। सर्वोच्च सफलता, वास्तव में, एकमात्र सच्ची सफलता, महान ब्रह्मांडीय उद्देश्य के अनुसार जीवन जीना है या, दूसरे शब्दों में, जैसा कि यह एक मन में चित्रित है।

हालाँकि, यह कल्पना न करें कि यह सार्वभौमिक मन की इच्छा है कि मनुष्य असफल हो या उपलब्धि में कमी हो। इससे बहुत दूर, क्योंकि हमें केवल यह देखने के लिए ब्रह्मांड का चिंतन करना है कि अनंत मन हमेशा प्राप्त कर रहा है

और यह कभी विफल नहीं होता है। मनुष्य को भी सफल होना चाहिए, लेकिन उसे अपनी महत्वाकांक्षा के साथ ज्ञान को मिलाना चाहिए और किसी विशुद्ध स्वार्थी उद्देश्य के बजाय समग्र हित के लिए काम करना चाहिए।

मनुष्य के लिए जीवन में कुछ हद तक "आगे बढ़ना" स्वाभाविक है। "आगे बढ़ने" के लिए, उसे और अधिक कुशल बनना होगा और इस प्रकार जीवन और अपने साथियों की बेहतर सेवा करनी होगी। इसलिए इस तरह की सफलता में कोई बुराई नहीं है गरीब और अप्रिय परिवेश में रहने वाले किसी व्यक्ति के लिए खुद को बेहतर परिस्थितियों में उठाने की महत्वाकांक्षा रखना स्वाभाविक और प्रशंसनीय भी है। यह बिल्कुल सही है कि वह अपनी पत्नी और परिवार के जीवन को उज्जवल और बेहतर बनाने की इच्छा रखे। जब तक वह बुद्धिमानी से महत्वाकांक्षा में लिप्त रहता है और यदि वह अपने साथियों की बेहतर सेवा के माध्यम से सफलता चाहता है, तो उसका उद्देश्य प्रशंसनीय है। हालाँकि, यदि वह अपनी महत्वाकांक्षा पर अंकुश नहीं लगाता है और उसे अपने साथ "भागने" की अनुमति देता है, तो वह जीवन में सभी वास्तविक आनंद खो देगा और अंत में, जब बहुत देर हो जाएगी, तो वह अपने दुःख से सीखेगा। कि उसका जीवन, बहुत अधिक "सफलता" के बावजूद, असफल रहा है।

लेखक का अनुभव यह रहा है कि यह आवश्यक है कि हम सदैव प्रगति करते रहें, उपलब्धि हासिल करें, सफलता प्राप्त करें और सफल होने के लिए प्रयासरत रहें। ब्रह्मांड के सबसे महान नियमों में से एक प्रगति है, इसलिए स्थिर रहना घातक है। हमें आगे बढ़ना चाहिए, हमें हासिल करना चाहिए, हमें चीजें हासिल करनी चाहिए। यदि हम ऐसा करते हैं, तो हम पा सकते हैं कि कई चीजें जिनके लिए हमें बहुत प्रयास और कड़ी मेहनत करनी पड़ती है, वे हमारे लायक

नहीं हैं, फिर भी हम हर समय अनुभव के माध्यम से सीख रहे हैं और मजबूत हो रहे हैं और बड़ी चीजों के लिए तैयार हो रहे हैं। सच्ची संतुष्टि पाने में बार-बार असफल होने के बाद, हम अंततः सच्चे ज्ञान, ज्ञान और समझ तक पहुँचते हैं। हम तब बुद्धिमान हैं, यदि दुनिया अपने चरणों में रखते हुए, हम बहुत ही मध्यम भौतिक सफलता से संतुष्ट हो सकते हैं और अपना ध्यान और आकांक्षाओं को उच्च और बेहतर चीजों की ओर मोड़ सकते हैं।

इस अध्याय के समापन में, यह बता दें कि सफलता और उपलब्धि स्वर्ग से तैयार होकर आपकी झोली में नहीं गिरेगी। जो भी सफल होते हैं वे काम के भूखे होते हैं, मेहनत करते हैं जबकि अन्य खेलते और सोते हैं। इसके विपरीत सभी शिक्षाएँ ग़लत हैं। यह सोचना कि सफलता आपको तब मिलेगी जब वह योग्यता के बिना होगी, सिर्फ इसलिए कि आप “पुष्टि” का उपयोग करते हैं या मानसिक “उपचार” का उपयोग करते हैं, यह पहली मूर्खता है। दूसरी ओर, आंतरिक शक्तियों का उपयोग गुप्त तरीके से करना, ताकि भौतिक चीज़ों या “सफलता”, तथाकथित, किसी भी आकार या रूप में, आपके पास आने के लिए मजबूर किया जा सके, काला जादू है। जो व्यक्ति ऐसी प्रथाओं पर उतर आता है वह काला जादूगर बन जाता है और अपने लिए भयानक प्रतिशोध कमाता है। जीवन के मामलों में सफल होने का केवल एक ही तरीका है और वह है स्वयं को अधिक उपयोगिता और सेवा की ओर बढ़ाना। पहले से बेहतर काम करके, अधिक ज़िम्मेदारी उठाकर, आप मानवता की बेहतर सेवा करते हैं और इसलिए सफलता के पात्र होते हैं। मास्टर ने कहा, “प्राप्त करने की तुलना में देना अधिक धन्य है,” और यह जीवन के व्यावहारिक और भौतिक मामलों में भी सच है। सबसे पहले, आपको बेहतर और अधिक मूल्यवान सेवा देनी होगी: दूसरे शब्दों में, इससे पहले

कि आप इसे साकार होते देखने की उम्मीद करें, योग्य और योग्य हों। काटने से पहले आपको बोना होगा: इससे पहले कि आप किसी बड़े स्थान पर कब्जा करने में सक्षम हों, आपको अपनी वर्तमान स्थिति के लिए बहुत बड़ा बनना होगा। आपको हर संभव तरीके से बढ़ना और विस्तार करना चाहिए और जैसे-जैसे आप बढ़ेंगे आपकी सफलता भी बढ़ेगी। बाहरी सफलता केवल एक प्रतिबिंब है, ऐसा कहा जा सकता है कि आप वास्तव में क्या हैं और मानवता के लिए अधिक से अधिक मूल्यवान सेवा का परिणाम है। इस कठिन परिस्थिति से बाहर निकलने के लिए महान प्रयास और दृढ़ संकल्प की आवश्यकता होती है, लेकिन जब तक आपकी महत्वाकांक्षा नीच या स्वार्थी नहीं है, तब तक आपके भीतर आपकी सभी जरूरतों के लिए पर्याप्त शक्ति पाई जाएगी।

सफलता हासिल करने के लिए, चाहे जीवन की आपाधापी में हो या आध्यात्मिक प्रगति के अधिक कठिन रास्ते पर, कल्पना, दूरदर्शिता, साहस, विश्वास, दृढ़ संकल्प, दृढ़ता, दृढ़ता, आशा, प्रसन्नता और अन्य गुणों की आवश्यकता होती है। ये सभी भीतर पाए जाते हैं। ये सभी गुण कमोबेश हमारे भीतर सुप्त अवस्था में हैं और यदि हम मानते हैं कि अनंत शक्ति हमारी है तो इन्हें अभिव्यक्ति में लाया जा सकता है।

हालाँकि, यह चेतावनी फिर से दोहराई जानी चाहिए कि इस शक्ति का उपयोग स्वार्थी आत्म-प्रशंसा के लिए नहीं किया जाना चाहिए; इसका इस्तेमाल दूसरों को प्रभावित करने या उन पर हावी होने के लिए तो और भी कम किया जा सकता है या बल्कि दुरुपयोग किया जा सकता है। यदि इस शक्ति का दुरुपयोग किया जाता है तो परिणाम भयानक और विनाशकारी होते हैं। इसलिए, शक्ति का उपयोग केवल अच्छे और महान उद्देश्यों की प्राप्ति के लिए और सेवा में करें जो

आपके साथियों के जीवन को समृद्ध बनाएगी, सामान्य भलाई में योगदान देगी। इस स्तर पर पहुँचने के बाद आपको आगे बढ़ना होगा। कोई पीछे नहीं हट सकता आगे भी, दैवीय आग्रह आपको अधिक उपलब्धि और सिद्धि की ओर भेज रहा है। जिस प्रकार निश्चित रूप से ग्रहों को सूर्य के चारों ओर घूमना चाहिए और अपनी नियति को पूरा करना चाहिए, उसी प्रकार आपको भी आगे बढ़ना चाहिए। तो फिर, यह देखें कि आपके लक्ष्य और महत्वाकांक्षाएँ शाश्वत ज्ञान पर आधारित हैं, क्योंकि इसी पर आपका पूरा भविष्य निर्भर करता है।

अध्याय-6.

स्वास्थ्य

इस तरह के एक संक्षिप्त कार्य में, यह समझाना असंभव है कि क्यों एक व्यक्ति को कमजोर और बीमार शरीर विरासत में मिलता है जबकि दूसरे को मजबूत और मजबूत शारीरिक संरचना प्राप्त होती है। अपने उद्देश्यों के लिए, आइए स्वीकार करें कि मजबूत, सुदृढ़ स्वास्थ्य का युग समाप्त हो रहा है और मनुष्य अधिक तनावग्रस्त, घबराए हुए और मानसिक प्राणियों में विकसित हो रहे हैं। पुराने प्रकार का मजबूत, अचेतन स्वास्थ्य मनुष्यों की पशु-जैसी प्रकृति का परिणाम था, जो पूरी तरह से सहज मन द्वारा नियंत्रित होता था। कम विकसित व्यक्ति मानसिक तूफानों, मानसिक परिवर्तनों और आध्यात्मिक विसंगतियों से कम प्रभावित होते हैं जो अधिक विकसित प्रकार के स्वास्थ्य को परेशान करते हैं। इसी तरह की घटना पागलपन के कुछ रूपों में देखी जाती है, जहाँ मरीज़, जब "अपने दिमाग से बाहर निकलते हैं," शारीरिक स्वास्थ्य में सुधार का अनुभव करते हैं। सहज मन नियंत्रण लेता है, जिससे पशु स्वास्थ्य मजबूत होता है। जब ये व्यक्ति स्वस्थ थे और चिंताओं, महत्वाकांक्षाओं, योजनाओं और अन्य मानसिक बोझों से भरे हुए थे, तो वे अपने विचारों और अनियंत्रित भावनाओं के परेशान करने वाले प्रभावों के कारण संभवतः ठीक होने से बहुत दूर थे।

"अच्छे पुराने समय" के लिए तरसना व्यर्थ है जब लोग जंगली जानवरों की तरह असभ्य और मजबूत थे क्योंकि विकास यह निर्देश देता है कि मनुष्य एक उच्च, अधिक घबराए हुए और संवेदनशील प्रकार में बदल जाए। इस संवेदनशील प्रकार में, गलत विचार और भावनाएँ शीघ्र ही दर्द और पीड़ा उत्पन्न करती हैं। बहुत से लोग इस बात से अपरिचित हैं कि अच्छे स्वास्थ्य का वास्तविक अर्थ क्या है। वे न केवल सिरदर्द, अपच, गठिया, न्यूरिटिस जैसी छोटी-मोटी बीमारियों से पीड़ित होते हैं, बल्कि वे कभी भी स्वस्थ या पूर्ण रूप से स्वस्थ महसूस नहीं करते हैं। वे जीवन के आनंद से अपरिचित हैं; जीवन उन्हें रोमांचित नहीं करता और कोई

भी चीज़ उनके खून को तेज़ नहीं करती। उनके पास ज्वलंत परमानंद के क्षणों का अभाव है; दूसरे शब्दों में, वे जीवित नहीं रहते हैं लेकिन खराब, मरने की दर पर मौजूद रहते हैं।

इसके अलावा, बहुत से लोग संक्रामक रोगों और महामारी के प्रति संवेदनशील होते हैं, फिर भी यदि वे वास्तव में ठीक होते, तो वे प्रतिरक्षित होते। स्वास्थ्य के माध्यम से प्रतिरक्षा की तलाश करने के बजाय, वे टीकों और सीरम के माध्यम से इसका पीछा करते हैं, जिससे उनके शरीर पर बोझ बढ़ जाता है। इस दिशा में सभी प्रयास विफल होने वाले हैं; एक बीमारी को दबाने से ही दूसरी बीमारी का मार्ग प्रशस्त होता है।

जबकि प्रकृति के नियमों का पालन करना और प्राकृतिक-उपचार विधियों का उपयोग हमें रास्ते का हिस्सा बनाता है, हमें भौतिक से भी अधिक गहरे कारणों को पहचानना चाहिए। बहुत से लोग जो स्वास्थ्य के हर ज्ञात भौतिक नियम का पालन करते हैं, वैज्ञानिक स्नान, व्यायाम, साँस लेना और प्राकृतिक उपचार के तरीकों को अपनाते हैं, फिर भी स्वास्थ्य पाने के लिए संघर्ष करते हैं। इसलिए, हमें खराब स्वास्थ्य के कारण का पता लगाने के लिए मन में गहराई से उतरना चाहिए।

मन की जाँच करने पर हमें बीमारी का एक बड़ा कारण मिलता है। मनुष्य स्वयं को अस्वस्थ एवं रोगग्रस्त समझता है। बीमारी और बीमारी के बारे में सोचने से ये शरीर में पैदा होते हैं। जो लोग लगातार बीमारी, बीमारी और अन्य रुग्ण विषयों के बारे में सोचते हैं वे इन चीजों का शिकार बन जाते हैं। जो लोग मानते हैं कि बीमारी अपरिहार्य है, वे इसे अपने जीवन में प्रकट करते हैं। रुग्ण सोच शरीर की रुग्ण स्थिति उत्पन्न करती है, जिससे यह संक्रमण के प्रति संवेदनशील हो

जाता है या दीर्घकालिक अस्वस्थता या बीमारी में बदल जाता है। विचारों को रुग्ण विषयों पर ध्यान केंद्रित करने की अनुमति देना बीमारी और अमान्यता का एक निश्चित मार्ग है।

मनुष्य न केवल अपने नकारात्मक विचारों और भावनाओं से बीमार होता है, बल्कि दौड़ दिमाग के सम्मोहक जादू के अधीन भी होता है। "इस संसार के परमेश्वर ने विश्वास न करनेवालों की बुद्धि अन्धा कर दी है।" हम सभी कुछ हद तक एक विशाल भ्रम के वशीभूत हैं। जो बुराइयाँ, बीमारियाँ, बीमारियाँ और खामियाँ हम देखते और अनुभव करते हैं, उनमें वास्तविकता में कोई वास्तविकता नहीं है, बल्कि वे अवास्तविकता में मौजूद हैं। यद्यपि सच्चे अर्थों में वास्तविक नहीं हैं, फिर भी वे हमारी वर्तमान सीमित चेतना के लिए कष्टदायक रूप से वास्तविक हैं। सत्य को समझकर, उसके प्रकाश और शक्ति में रहकर, सम्मोहन के जादू को आंशिक रूप से तोड़ा जा सकता है, जिससे स्वास्थ्य की स्थिति में काफी सुधार हो सकता है।

विभिन्न स्रोतों से आने वाले सुझाव भी हमें सम्मोहक रूप से प्रभावित करते हैं। मित्रों और परिचितों की बातचीत हम पर तब तक प्रभाव डालती है जब तक हम उससे सावधान नहीं रहते। एक ही त्रुटि में डूबे हुए समाचार पत्र, पत्रिकाएँ, पुस्तकें प्रभाव में योगदान करती हैं जब तक कि हम प्रभावित होने के लिए बहुत अधिक सकारात्मक नहीं हो जाते। कई स्रोतों से, हमें सूक्ष्मता से सुझाव दिया गया है कि बीमारी, बीमारी, संक्रमण अपरिहार्य वास्तविकताएं हैं। इससे जीवन शक्ति ग़लत मार्गों में चली जाती है, जिसके परिणामस्वरूप उत्तमता के स्थान पर रोग और अस्वस्थता उत्पन्न होती है। स्वास्थ्य की सामान्य स्थिति बीमारी या रुग्णता की असामान्य स्थिति को जन्म देती है। जब सत्य का एहसास होता है तो सामान्य

स्वास्थ्य बहाल हो जाता है और जीवन उसके प्रकाश और शक्ति में जीया जाता है। पूर्ण सत्य और पूर्णता इंद्रिय जीवन के भ्रम और अपूर्णता के पीछे खड़े हैं। वास्तविकता की सच्चाई और पूर्णता का एहसास, विचार-जीवन को सत्य में स्थापित करने से स्वास्थ्य की प्राप्ति होती है।

अक्सर कहा जाता है कि ख़राब स्वास्थ्य पाप का परिणाम है। दरअसल, रोग, बीमारी और अस्वस्थता के बारे में सोचना और उन्हें अपरिहार्य मानना सबसे बड़े पापों में से एक है। जीवन का मार्ग आत्मा (जो परिपूर्ण, संपूर्ण, अमर और अविनाशी है) के बाद चलना (सोचना और कार्य करना) है, न कि शरीर (भ्रष्टाचार, बीमारी, बीमारी, मृत्यु) के बाद। “शरीर के अनुसार” सोचकर, हम ईश्वर का अपमान करते हैं, जो पूर्णता और पूर्णता है और खुद को दिव्य जीवन और शक्ति से अलग कर लेते हैं।

हालाँकि, ऐसे और भी तरीके हैं जिनसे गलत सोच स्वास्थ्य को नष्ट कर देती है। वासना के बारे में सोचना दुःख, बीमारी और तंत्रिका रोग का एक बड़ा कारण है। जीवन की दैवीय शक्तियों को गलत दिशा में निर्देशित किया जाता है, जिसके परिणामस्वरूप या तो भोग और शरीर, मस्तिष्क और इच्छाशक्ति का अपरिहार्य रूप से कमजोर होना या दमन और इसके परिणामस्वरूप तंत्रिका संबंधी रोग होते हैं। विचारों को अशुद्धता पर केन्द्रित करने की अनुमति देने से कार्य में बुरे परिणाम या खराब स्वास्थ्य या दोनों होते हैं। विचार को लगातार नियंत्रित और उलटा किया जाना चाहिए। दबाया नहीं बल्कि उलटा किया गया, क्योंकि दोनों में बहुत बड़ा अंतर है। दमन तंत्रिका संबंधी परेशानी पैदा करता है, लेकिन विचारों को उलटने या परिवर्तित करने से जीवन बदल जाता है और शारीरिक स्वास्थ्य में काफी सुधार होता है।

इसके अलावा, घृणा, आक्रोश, दुर्भावना, भय, चिंता, देखभाल, दुःख और चिंता के विचारों में शामिल होने से अस्वस्थता पैदा होती है। शरीर की टोन कम होने से यह संक्रमण और बीमारी के प्रति संवेदनशील हो जाता है। इस प्रकार, मन की स्थिति और विचारों का चरित्र महत्वपूर्ण कारक हैं जिन्हें नजरअंदाज नहीं किया जा सकता है। खराब स्वास्थ्य या बीमारी का इलाज करना व्यर्थ है यदि वे केवल छिपे हुए मानसिक कारणों के बाहरी प्रभाव हैं। इलाज के लिए हमें समस्या की जड़ तक वापस जाना होगा।

विचार नियंत्रण एक बड़ी सहायता है समय के साथ किसी गलत विचार के स्थान पर सही या सकारात्मक विचार रखना, जीवन में अद्भुत काम करेगा। अवचेतन में हमारे पास असाधारण बुद्धिमत्ता की असीमित शक्ति होती है। हमारे विचारों के अनुसार, यह अद्भुत शक्ति या तो हमारे जीवन और शरीर में स्वास्थ्य, सद्भाव और सुंदरता का निर्माण करती है या ठीक इसके विपरीत। शक्ति अच्छी है, बुद्धि स्पष्ट रूप से अनंत है, लेकिन वह वहीं जाती है जहाँ हमारे विचार उसे निर्देशित करते हैं। इसलिए, अपनी सोच से, हम या तो बनाते हैं या नष्ट करते हैं या तो अच्छाई या बुराई पैदा करते हैं। यदि हमारे सभी विचार अच्छे, सकारात्मक और रचनात्मक हैं, तो इसका तात्पर्य यह है कि हमारा शरीर और हमारा जीवन दोनों सद्भाव और पूर्णता में निर्मित होंगे। सवाल यह है कि क्या ऐसा किया जा सकता है? यह किया जा सकता है यदि हममें इच्छा हो और हम खुद को अनुशासित करने तथा अक्सर असफलता का सामना करने के लिए तैयार रहें।

इस बिंदु पर, कुछ पाठक कह सकते हैं कि उन्हें इतना अच्छा बनने की कोई इच्छा नहीं है, कि वे वासना, अशुद्धता, घृणा, क्रोध, द्वेष और इस प्रकार के विचारों और भावनाओं को छोड़ने के लिए तैयार नहीं हैं। बहुत अच्छा, यदि ऐसा है, तो

उन्हें आगे बढ़ना चाहिए और पीड़ा सहकर वह सबक सीखना चाहिए, जिसे वे स्वेच्छा से सीखने से इनकार करते हैं। अन्य लोग कह सकते हैं: “हां, मैं अपने विचारों को नियंत्रित करना चाहता हूँ, लेकिन जब मेरे पास चिंता करने के लिए बहुत कुछ है तो मैं चिंता करना कैसे बंद कर सकता हूँ और जब मेरे साथ इतना गहरा अन्याय हुआ है तो मैं नफरत करना कैसे बंद कर सकता हूं?” यह हमें मन की तुलना में अस्वस्थता के और भी गहरे कारण, अर्थात् हृदय के दृष्टिकोण, तक ले जाता है। हमारे धर्मग्रंथ हमें बताते हैं कि “मनुष्य जैसा अपने हृदय में सोचता है, वैसा ही वह बनता है।” “हृदय” से तात्पर्य आत्मा या भावना से है, जो मनुष्य का भाग चाहता है। यहीं पर आत्म-इच्छा और ईश्वरीय इच्छा के बीच, शरीर की इच्छाओं और आत्मा की लालसाओं के बीच संघर्ष होता है।

सभी दुःख, असामंजस्य और अस्वस्थता का वास्तविक मूल कारण आध्यात्मिक है, न कि केवल मानसिक या शारीरिक। उत्तरार्द्ध अंशदायी कारण हैं, लेकिन पहला मौलिक कारण है। वास्तव में, आध्यात्मिक असामंजस्य ही सभी अस्वस्थता और बीमारियों का कारण है। जब तक आध्यात्मिक सद्भाव बहाल नहीं हो जाता, मनुष्य अपने आप में विभाजित एक साम्राज्य है, जो, जैसा कि हमारे भगवान ने कहा, खड़ा नहीं हो सकता। तो फिर, उपचार आध्यात्मिक चरित्र का होना चाहिए। जब तक यह सामंजस्य मौजूद नहीं है, तब तक नफरत के विचारों, भय के विचारों या चिंता के विचारों पर काबू नहीं पाया जा सकता है और जब तक इन पर काबू नहीं पाया जाता, तब तक कोई सच्चा उपचार नहीं हो सकता है। हमारे प्रभु की चंगाई आत्मा की कृपापूर्ण चंगाई थी। इसने पाप को क्षमा करके, हृदय की इच्छाओं को बदलकर, विषय की इच्छा को समग्र की दिव्य इच्छा के साथ सामंजस्य स्थापित करके आंतरिक सद्भाव बहाल किया।

हमारे प्रभु का उपचार सुझाव के माध्यम से पूरा नहीं हुआ था, न ही यह मानवीय इच्छाशक्ति से हासिल किया गया था; यह हृदय, इच्छाओं और इच्छा को दैवीय इच्छा के साथ सामंजस्य बिठाकर किया गया था। उसी समय, सत्य का रहस्योद्घाटन हुआ होगा कि ईश्वर की इच्छा प्रेम, पूर्णता, आनंद और पूर्णता है, न कि बीमारी, बीमारी और दुख।

मानसिक उपचार तब तक संभव नहीं होता जब तक हम ईश्वर के साथ अपनी शांति स्थापित नहीं कर लेते। जब तक हम पूरी तरह से प्रेम सिद्धांत के प्रति समर्पित नहीं हो जाते, तब तक हम अपने घृणा विचारों, द्वेषपूर्ण विचारों या आक्रोश विचारों को प्रेम के विचारों में परिवर्तित करके उन पर काबू नहीं पा सकते। जब तक हम ईश्वरीय इच्छा के प्रति समर्पण नहीं कर देते और अपनी सभी समस्याओं को अनंत मन पर नहीं छोड़ देते, तब तक हम चिंता और भय से छुटकारा नहीं पा सकते। इस आंतरिक परिवर्तन के बाद मानसिक अनुशासन और विचार नियंत्रण आवश्यक है, क्योंकि हम सभी को अपना उद्धार करना है, लेकिन आवश्यक चीज़ प्रेम और विश्वास में आंतरिक हृदय समर्पण है। जब तक हम अपने भाई से नफरत करते हैं या डरते हैं कि कल क्या होगा या इस जीवन की चीजों के बारे में चिंता करते हैं, हम कभी भी ठीक नहीं हो सकते। हालाँकि, जब हम दिव्य सद्भाव के प्रति अभ्यस्त हो जाते हैं और अपने विचारों और भावनाओं को नियंत्रित करना और शारीरिक और भौतिक इच्छाओं को प्रेमपूर्ण सेवा में बदलना सीख जाते हैं, तो पूर्णता की स्थिति अपरिहार्य परिणाम होती है। पुराने, गहराई तक बैठे विकार दूर हो जाते हैं और स्वास्थ्य की स्थिति में लगातार सुधार होता है।

स्वास्थ्य को पुनः प्राप्त करने के लिए, स्वयं को स्वास्थ्य, सद्भाव और पूर्णता के दिव्य आदर्श तक लगातार ऊपर उठाना आवश्यक है। लेकिन यह बेकार है अगर अभी भी व्यक्तिगत इच्छा और ईश्वरीय इच्छा का टकराव बना हुआ है या दिल में कोई नफरत, द्वेष, ईर्ष्या या भय है। इच्छा को महान इच्छा के प्रति समर्पित किया जाना चाहिए (वास्तव में, यह हमारी सर्वोच्च भलाई है, क्योंकि दैवीय इच्छा की पूर्ति ही मनुष्य की सुखद नियति है): हृदय को क्षमा करना चाहिए और प्रेम से भरना चाहिए; इससे पहले कि हम उपचार के लिए आवश्यक उस खुश, लापरवाह, आरामदायक स्थिति में प्रवेश कर सकें, डर को बाहर निकालना होगा और उसके स्थान पर आत्मविश्वास और पूर्ण विश्वास लाना होगा।

स्वास्थ्य सद्भाव है – आत्मा, आत्मा, मन और शरीर के बीच एक नाजुक संतुलन और समायोजन। यह सामंजस्य पूरी तरह से हमारे और ईश्वर के बीच अधिक सामंजस्य पर निर्भर है। जब तक इच्छाशक्ति का टकराव है, जब तक नफरत या नाराजगी है, जब तक स्वार्थ है या जब तक डर है, तब तक यह सद्भाव मौजूद नहीं हो सकता। इसलिए, स्वास्थ्य का मूल कारण आध्यात्मिक सद्भाव है और सभी उपचार मनुष्य और उसके दिव्य स्रोत के बीच सद्भाव की बहाली है। जब यह सामंजस्य बहाल हो जाता है, तो मनुष्य अपने आप में विभाजित एक साम्राज्य नहीं रह जाता है; वह ब्रह्मांड और अपने अस्तित्व के दैवीय नियमों के विरुद्ध काम करने के बजाय, उनके साथ काम करते हुए एकता में स्थापित हो जाता है। दिव्य जीवन और शक्ति उसके माध्यम से निर्बाध रूप से प्रवाहित होती है, जो पूर्ण अवचेतन कार्यप्रणाली को बढ़ावा देती है। उनके विचार अपने स्रोत पर शुद्ध हो जाते हैं ("हे भगवान, मेरे अंदर एक स्वच्छ हृदय पैदा करो और मेरे भीतर एक सही भावना को नवीनीकृत करो," "तुम मुझे गुप्त दोषों से शुद्ध करो")। वह

दौड़ते दिमाग के सम्मोहक जादू से मुक्त हो जाता है: उसकी आँखें, दिव्य आत्मा के प्रभाव से, सत्य के लिए खुल जाती हैं; इसलिए, वह अब इस दुनिया के राजकुमार से अंधा नहीं है। ईश्वरीय मिलन में, वह मुक्त हो जाता है। (मसीह में, सभी को जीवित बनाया गया है)।

दुःख और स्वास्थ्य पर इसके प्रभाव के विषय को जानबूझ कर आखिरी तक छोड़ दिया गया है। कोई भी सही सोच इस जीवन में शोक को नहीं रोक सकती। ये जीवन के आवश्यक अनुशासन का हिस्सा हैं और यह पूरी तरह से इस पर निर्भर करता है कि हम अपनी परीक्षाओं का सामना कैसे करते हैं, चाहे वे दुखद हों या सबसे बड़ा संभावित आशीर्वाद। जीवन के अनुशासन के विरुद्ध विद्रोह करने से दुःख दुःखदायी हो जाते हैं, परन्तु दुःख दुःख में नहीं, मन और हृदय की मनोवृत्ति में होता है। इसलिए, समर्पण और स्वीकार्यता होनी चाहिए कि अनुशासन आवश्यक है। हालाँकि, इसका मतलब दुःख और मातम के प्रति कमज़ोर समर्पण नहीं है। यह सच है कि जो व्यक्ति शोक संतप्त हो गया है, वह कभी भी पहले जैसा नहीं हो सकता, क्योंकि वह चरित्र में अधिक पवित्र, अधिक प्रेमपूर्ण, अधिक सहानुभूतिपूर्ण, अधिक समृद्ध और अधिक मधुर हो जाता है। प्रियजन को कभी भुलाया नहीं जा सकता, लेकिन यह कोई कारण नहीं है कि दुःख से हृदय झुक जाए और दुःख से जीवन उजाड़ हो जाए। ऐसे मामलों में, धार्मिकता नहीं, बल्कि सच्चा धर्म ही एकमात्र ऐसी चीज़ है जो आत्मा को संतुष्ट कर सकती है, मन को संतुलित कर सकती है और शरीर को ठीक कर सकती है। सत्य में स्थापित होना, यह जानना कि सब कुछ ठीक है: कि ईश्वर कोई गलती नहीं करता है और वास्तव में, कोई मृत्यु नहीं है बल्कि केवल परिवर्तन है, यही एकमात्र तरीका है जिसके द्वारा शोक को छद्म रूप में आशीर्वाद बनाया जा सकता

है। कब यह अवस्था आ गई है, दुःख पर काबू पा लिया गया है, मृत्यु को जीत में निगल लिया गया है। जीवन की सभी परेशानियों का एकमात्र रामबाण हमारे दैवीय स्रोत और दैवीय इच्छा और उद्देश्य के साथ सचेत सामंजस्य है जो केवल हमारी सर्वोच्च भलाई की इच्छा रखता है।

अध्याय-7.

प्रचुर आपूर्ति का रहस्य

यह एक आध्यात्मिक सत्य है कि बाहरी जीवन विचार जीवन का प्रतिबिंब है। हमारा जीवन हमारी सोचने की आदत और मन के रवैये से दो तरह से प्रभावित होता है: पहला, हमारे सभी कार्य अनजाने में हमारे विचारों से प्रभावित होते हैं, इस प्रकार अभिव्यक्ति में लाने या हमारे विचारों के अनुरूप वातावरण को आकर्षित करने में मदद करते हैं। दूसरे, हम मौन और अदृश्य प्रभाव का निर्वहन या उत्सर्जन करते हैं, जो निस्संदेह अन्य लोगों को प्रभावित करता है। वे शायद इसके बारे में नहीं जानते हैं, लेकिन वे या तो इस मूक प्रभाव से विकर्षित होते हैं या आकर्षित होते हैं। इस प्रकार, यदि हमारे विचार और मानसिक दृष्टिकोण गलत प्रकार के हैं, तो न केवल हमारे कार्य प्रभावित होते हैं, बल्कि हम एक मूक प्रभाव डालते हैं जो सही प्रकार के दोस्तों, अवसर, सफलता और हर संभव अच्छाई को हमसे दूर करने में सहायता करता है। इसका उलटा भी उतना ही सच है। सही विचारों और सही मानसिक दृष्टिकोण से, हम स्वाभाविक रूप से उन सभी अच्छाइयों को अपनी ओर आकर्षित करते हैं जिनमें हमारा वर्तमान जीवन सक्षम है।

बाइबल हमें बताती है कि मनुष्य जैसा अपने हृदय में सोचता है, वैसा ही वह बनता है। यह कहना भी उतना ही सत्य है कि मनुष्य जैसा होता है, वह वैसा ही

सोचता है और जैसा वह सोचता है, उसका बाहरी जीवन और परिस्थितियाँ वैसी ही बन जाती हैं। अतः मनुष्य जैसा होता है, उसका वातावरण भी वैसा ही होता है। यह कुछ हद तक आध्यात्मिक लग सकता है, लेकिन यह वास्तव में काफी सरल है और इसका प्रमाण हमें हर मोड़ पर मिलता है। एक आदमी को झुग्गी-झोपड़ी से लीजिए और उसे अच्छे वातावरण में रखिए और ध्यान दीजिए कि क्या होता है। बहुत जल्द वह या तो वापस झुग्गी बस्ती में चला जाता है या अपने नए घर को झुग्गी बस्ती में बदल देता है। एक उच्च प्रकार के आदमी को ले लो और उसे एक झुग्गी में डाल दो और जल्द ही वह या तो झुग्गी छोड़ देगा या अपने झुग्गी निवास को एक अधिक सभ्य निवास स्थान में बदल देगा। एक फूहड़ को हवेली में रखो और वह उसे सुअर-बाड़े में बदल देगी, लेकिन एक उच्च प्रकार की महिला को एक झोपड़ी में रखो और वह उसे राजघरानों के मनोरंजन के लिए पर्याप्त साफ कर देगी। इसलिए, इससे पहले कि आप किसी व्यक्ति के परिवेश को बदल सकें, उस व्यक्ति को स्वयं आंतरिक रूप से बदलना आवश्यक है। जब कोई व्यक्ति आंतरिक रूप से परिवर्तित हो जाता है और नई महत्वाकांक्षाओं, आदर्शों और आशाओं से भर जाता है, तो समय के साथ, वह अपने घिनौने परिवेश से ऊपर उठ जाता है और अपने लिए एक ऐसा वातावरण आकर्षित करता है जो उसकी नई मनःस्थिति के अनुरूप होता है। उसके लिए एक फूहड़ के घर को साफ-सुथरा करना बेकार होगा, क्योंकि वह जल्द ही इसे फिर से सुअर-बाड़े जैसा बना देगी, लेकिन यदि आप उसके मन में साफ-सफाई, स्वच्छता, व्यवस्था और बेदागता का एक नया आदर्श स्थापित कर सकते हैं, तो वह वह तब तक संतुष्ट नहीं होगी जब तक कि उसका तात्कालिक वातावरण, कम से कम कुछ हद तक, उसके मानसिक आदर्श या छवि के अनुरूप न हो जाए।

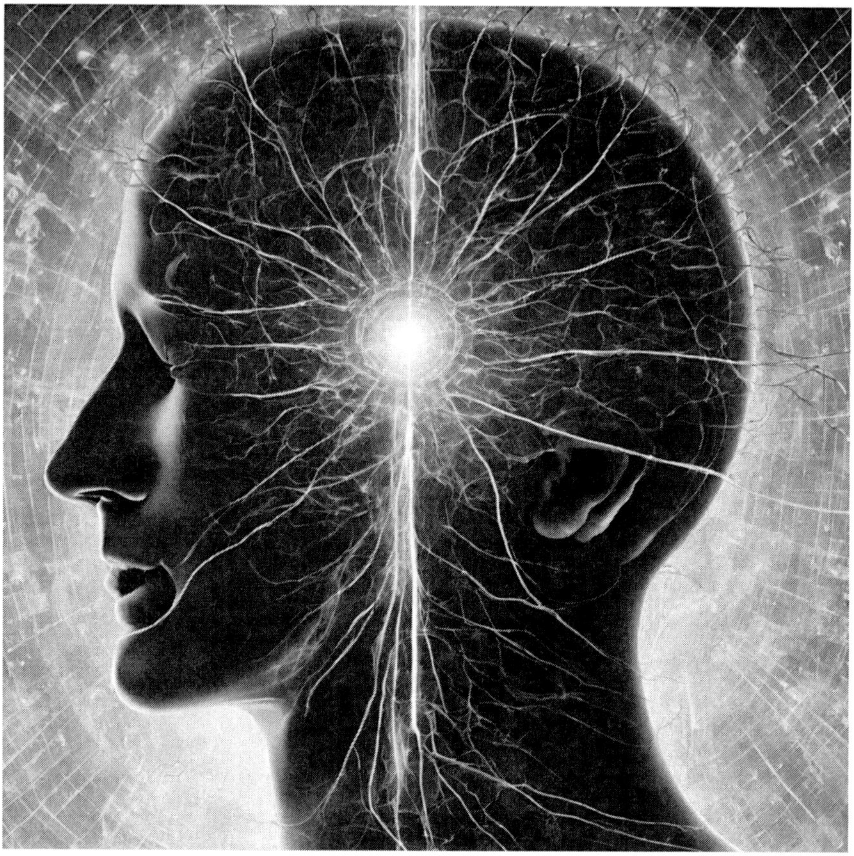

अक्सर, किसी व्यक्ति के जीवन की असफलताएं, उसकी असामंजस्यता और गरीबी, चाहे तुलनात्मक हो या वास्तविक, उसके चरित्र की कमजोरी के बाहरी प्रतीक हैं। उसके पास प्रचुर मात्रा में योग्यता हो सकती है, लेकिन उसमें प्रयोग या दृढ़ता की कमी हो सकती है और इस प्रकार वह अपने सभी उपक्रमों में विफल रहता है और उसे अपनी पत्नी और बेटियों द्वारा रखा जाता है। वह आपको आश्वस्त करेगा कि उसकी परिस्थितियाँ दुर्भाग्य के कारण हैं, लेकिन उसकी विफलता का वास्तविक कारण उसका चरित्र या कहें तो चरित्र की कमी है।

इसलिए, यदि किसी व्यक्ति की गरीबी और अभाव या वित्तीय कठिनाइयां चरित्र की कमजोरी के कारण हैं जो उसके काम और दूसरों के साथ व्यवहार में अक्षमता, खराब सेवा और बुरे निर्णय के रूप में प्रकट होती हैं, तो इसका मतलब यह है कि उसे खुद को बदलना होगा इससे पहले कि उसकी परिस्थितियों को बेहतरी के लिए स्थायी रूप से बदला जा सके। असफल लोगों से निपटने में कठिनाई उन्हें यह एहसास दिलाने में होती है कि उनकी सभी परेशानियों का कारण वे स्वयं हैं। हालाँकि, जब तक उन्हें इसका एहसास नहीं होता, तब तक उनका मामला निराशाजनक है और उनकी मदद करना असंभव है, लेकिन जब वे स्वीकार करते हैं कि गलती उनकी है, तो उन्हें दिखाया जा सकता है कि उनकी बीमारियों का एक इलाज है और उनकी समस्याओं से बाहर निकलने का एक रास्ता है। कठिनाइयों, आत्म-सुधार के माध्यम से। फिर उन्हें छुपी हुई कमजोरियों की तलाश करनी चाहिए और अपने चरित्र में उन कमजोरियों का निर्माण करना चाहिए जैसे धैर्य, दृढ़ संकल्प, दृढ़ता, दृढ़ता, धैर्य, ईमानदारी, निर्णय की कमी, जो उनकी परेशानियों का कारण हैं और वे पाएँगे कि उनकी परिस्थितियाँ धीरे-धीरे बेहतरी की ओर बदलेंगी। सब कुछ भीतर से आता है – पहले भीतर, फिर बाहर, यही नियम है – इसलिए परिवर्तन हमेशा भीतर ही होना चाहिए।

विषय में अधिक गहराई से जाने और अधिक आध्यात्मिक बनने के लिए, यह इंगित करना आवश्यक है कि सभी अभिव्यक्ति का कारण मन है। हम पहले ही देख चुके हैं कि मनुष्य का मन और चरित्र उसकी परिस्थितियों में प्रतिबिंबित होता है; अब आइए एक पल के लिए उस मन के बारे में सोचें जो अनंत है। संपूर्ण ब्रह्मांड, जो निश्चित रूप से, विस्तार में अनंत है, का मूल दिव्य मन में है और यह इस अनंत मन के भीतर समाहित है, ठीक उसी तरह जैसे आप अपने मन में एक

मानसिक चित्र रख सकते हैं। ईश्वर का ब्रह्मांड, जैसा कि दिव्य मन में चित्रित है, परिपूर्ण है। हम इसे अपूर्ण के रूप में देखते हैं क्योंकि हमें केवल उस चीज़ का एक सीमित इंद्रिय-बोध प्राप्त होता है जो परिपूर्ण और अनंत है, इससे हमारे दिमाग में एक ऐसी छवि बनती है जो आवश्यक रूप से अपूर्ण और सीमित होती है, जिसे हम बाहर की ओर प्रोजेक्ट करते हैं और इससे बेहतर कुछ भी नहीं जानते हैं। , सोचना वास्तविक है। लेकिन ब्रह्मांड, जैसा कि दिव्य मन में चित्रित है और जैसा कि यह वास्तविकता में है, अनंत और परिपूर्ण दोनों है: यह असीम रूप से परिपूर्ण भी है। उस ब्रह्मांड में कोई गरीबी या अभाव नहीं है जो असीम रूप से परिपूर्ण, संपूर्ण और दिव्य मन में पूर्ण है। गरीबी और अभाव की उत्पत्ति मनुष्य के मन में होती है: ईश्वर के मन में उनका कोई स्थान नहीं है।

हम, इस प्रकार के एक छोटे से प्रारंभिक कार्य में, इस अत्यंत आकर्षक विषय में अधिक गहराई तक नहीं जा सकते। पर्याप्त होगा अगर हम यहाँ कहें कि एकमात्र वास्तविकता अनंत पूर्णता और संपूर्णता है; अतः (वास्तव में) कोई कमी हो ही नहीं सकती। हम अपने चारों ओर जो स्पष्ट अभाव और गरीबी देखते हैं, वह मानव मन की उपज है। जो लोग गरीबी और अभाव की चेतना में रहते हैं, वे सीमाओं की जकड़न में जीवन गुजारते हैं। वे कभी गरीबी से बच नहीं सकते; यह उनकी छाया की तरह उनके पदचिह्नों पर चलता है। वास्तव में, यह बाहरी जीवन में उनकी मानसिक स्थिति और मानसिक दृष्टिकोण की छाया या प्रतिबिंब है।

दूसरी ओर, जो लोग पर्याप्तता की चेतना में रहते हैं वे आपूर्ति को लेकर परेशान नहीं होते हैं। उनकी परिस्थितियाँ उनके मन और मानसिक दृष्टिकोण के प्रकार को दर्शाती हैं। इसका मतलब यह नहीं है कि वे अमीर होंगे, क्योंकि उनमें से बहुत से लोग हाथ से हाथ मिलाकर जीना पसंद करते हैं और काफी बड़ी

संख्या में लोगों को किसी भी प्रकार की संपत्ति रखने की कोई इच्छा नहीं है, लेकिन उन्हें अपनी जरूरतों के लिए आपूर्ति के बारे में कोई चिंता नहीं है। सदैव पर्याप्तता से मिलते हैं।

हमारे कई पाठक धन पर कब्जा करना एक अधर्म के रूप में देखते हैं। व्यक्तिगत रूप से, मुझे नहीं लगता कि इस स्तर पर, इसे पूरी तरह से कैसे टाला जा सकता है। व्यवसाय के संचालन और उद्यमों को चलाने के लिए पूंजी आवश्यक है, लेकिन, जहाँ तक धन जमा करने का सवाल है, मैं निश्चित रूप से सोचता हूँ कि यह नासमझी और अनावश्यक दोनों है। आध्यात्मिक जीवन के लिए धन से अधिक घातक कुछ भी नहीं है। शराबी और वेश्या के लिए हमेशा आशा रहती है, लेकिन यह सबसे कठिन है, हालांकि, असंभव नहीं है,

जिस पर धन का बोझ है, वह स्वर्ग के राज्य में प्रवेश कर सके। कुछ लोग ऐसा करने में सक्षम हैं, लेकिन उन्हें केवल इसलिए प्रवेश करने की अनुमति दी जाती है क्योंकि उनके पास अपनी संपत्ति का कोई महत्व नहीं है, केवल एक ऐसी चीज़ के रूप में जिसके वे एक सीज़न के लिए प्रबंधक हैं।

धन का संचय गरीबी की तरह ही अनावश्यक है। वे दोनों एक मूलभूत त्रुटि पर आधारित हैं। यह त्रुटि यह सोचने में है कि सभी आपूर्ति, भौतिक होने के कारण, आवश्यक रूप से एक भौतिक स्रोत होना चाहिए: यह मात्रा में सीमित है और इसलिए इसे पकड़ लिया जाना चाहिए और लड़ना चाहिए। निस्संदेह, सच्चाई यह है कि आपूर्ति का स्रोत आध्यात्मिक है और इसलिए असीमित है; फलस्वरूप, जिसे सत्य का एहसास हो जाता है उसे गरीबी या अभाव का कोई विचार नहीं रहता और वह उससे डरना बंद कर देता है। दूसरी ओर, उसके पास धन जमा

करने या हड़पने के लिए कोई प्रोत्साहन नहीं है, क्योंकि जिसकी आपूर्ति हमेशा सुनिश्चित है, उसके लिए धन किस काम का?

आपूर्ति के संबंध में इस सच्चाई में प्रवेश करने वाले सभी लोग या तो धन से घृणा करते हैं या वास्तव में उन्हें बहुत हल्के में लेते हैं। उन्हें धन की कोई इच्छा नहीं रहती। उन्हें ऐसी कोई इच्छा क्यों होनी चाहिए? लोग धन की लालसा करते हैं क्योंकि वे गरीबी के साथ एक घातक भय से डरते हैं और धन की लालसा करते हैं क्योंकि वे सोचते हैं कि इसके कब्जे से उन्हें उनके भय से मुक्ति मिल जाएगी। हालाँकि, जब वे सच्चाई जानते हैं, तो वे यह भी जानते हैं कि उनकी ज़रूरतें हमेशा पूरी की जाएँगी; इसलिए, वे अब धन और उसकी परवाह और जिम्मेदारियों की इच्छा नहीं रखते हैं।

धन गरीबी की तरह ही असामान्य है। हमारे भगवान ने गरीब होने का चयन करके (लेकिन गरीबी में नहीं) और पर्वत उपदेश में अपनी शिक्षा से यह दिखाया। यीशु ने जो वादा किया था वह उन लोगों के लिए पर्याप्त आपूर्ति थी, लेकिन धन या संपत्ति नहीं, जिनके पास अपने "स्वर्गीय पिता" में पर्याप्त विश्वास था। बहुत से लोग अपने आध्यात्मिक स्रोत पर पूर्ण निर्भरता का योजनाहीन जीवन जीते हैं। वे कभी अमीर नहीं बनते, लेकिन उनकी सभी ज़रूरतें पूरी हो जाती हैं। उनकी आवश्यकताओं को पूरा करने के लिए हमेशा कुछ न कुछ समय पर पहुंच जाता है। ऐसे जीवन के लिए बहुत जीवंत और सक्रिय विश्वास की आवश्यकता होती है, लेकिन इसके परिणाम सूर्य के उगने जितने निश्चित होते हैं।

आपूर्ति के संबंध में सच्चाई की समझ विश्वास के लिए एक आवश्यक आधार है जिसके बिना योजनाहीन जीवन असंभव है। इससे पहले कि हम ईश्वरीय विधान या आध्यात्मिक (साथ ही, मानसिक) कानून की कार्यप्रणाली पर भरोसा कर सकें,

गरीबी और अभाव की पूर्ण मिथ्या और अवास्तविकता को जानना आवश्यक है। यह जानना आवश्यक है कि ब्रह्मांड आध्यात्मिक है: ईश्वर आत्मा है, जिसमें हम रहते हैं, चलते हैं और हमारा अस्तित्व है और क्योंकि हम एक हिस्सा हैं, बहुत छोटे, लेकिन फिर भी संपूर्ण का एक हिस्सा, हमारी सभी इच्छाएं, युगों-युगों तक, आपूर्ति की जानी चाहिए। हमारी सभी जरूरतों के लिए पर्याप्त आपूर्ति, वास्तविकता है। गरीबी और अभाव, विश्वास की कमी, भय, अज्ञानता, चरित्र की कमजोरी का परिणाम है, उनकी उत्पत्ति मानव मन में होती है और वे अवास्तविकता हैं – नकारात्मकता जिसमें कोई स्थायित्व या वास्तविकता नहीं है।

जब हमने सत्य सीख लिया है, तो इसकी चेतना में रहना, सोचना, कार्य करना और ईश्वर की स्तुति करना आवश्यक है जैसे कि पर्याप्तता पहले से ही हमारी थी। ऐसा पैसा खर्च करने के लिए नहीं जिसे हम खर्च नहीं कर सकते, न ही कर्ज लेना, बल्कि प्रचुर आपूर्ति के माहौल में मानसिक रूप से रहना। हमें यह याद रखना होगा कि चेतना में परिवर्तन पहले होना चाहिए और बाहरी जीवन में इसके प्रभावों को प्रकट करने से पहले अच्छी तरह से स्थापित होना चाहिए।

इस उच्च चेतना में प्रवेश करना जहाँ हम सत्य को जानते हैं और महसूस करते हैं, अर्थात, हमारी सभी आपूर्ति का स्रोत आत्मा है और दिव्य स्रोत असीमित है, आसान नहीं है, हालांकि कुछ लोगों के लिए यह दूसरों की तुलना में कम कठिन है। इसके लिए निरंतर मानसिक गतिविधि और सतर्कता की आवश्यकता होती है: इसके लिए सही सोच में दृढ़ता और दृढ़ता की आवश्यकता होती है, फिर भी यह उन लोगों के लिए संभव है जो ईमानदार हैं। ईश्वर की आपूर्ति की चेतना में रहने और जीवंत विश्वास का अभ्यास करने से, जीवन प्रभावित हो जाता है, मुख्यतः क्रिया के चेतन और अचेतन दोनों परिवर्तनों के कारण।

आपूर्ति के विषय के गूढ़ या आंतरिक पक्ष से निपटने के बाद, अब मैं इसे बाहरी या व्यावहारिक पक्ष से अधिक देखूंगा, बाद वाला, निश्चित रूप से, पहले जितना ही महत्वपूर्ण है।

इस अध्याय की शिक्षा उद्योग और मितव्ययिता को हतोत्साहित तो दूर, उसे हतोत्साहित भी नहीं करती। प्रभु मसीह द्वारा पाँच हज़ार लोगों को खाना खिलाने के बाद, सभी बचे हुए पदार्थों को सावधानी से एकत्र किया गया ताकि कुछ भी बर्बाद न हो। यह सार्वभौमिक कानून के अनुरूप है प्राकृतिक और आध्यात्मिक दोनों जगतों में अर्थव्यवस्था का नियम है। ऊपर से देखने पर प्रकृति बहुत फिजूलखर्ची और अपव्ययी प्रतीत होती है, लेकिन, वास्तव में, वह कभी भी किसी चीज को बर्बाद नहीं करती अगर उसे टाला जा सके। इसलिए, शिष्यों की कार्रवाई सार्वभौमिक कानून के अनुरूप थी। हमारे लिए क्या सबक है! सावधान रहना और बचत करना मन और चरित्र दोनों में श्रेष्ठता का प्रतीक है। असहाय गरीबों की फिजूलखर्ची कुख्यात है। जो लोग "अच्छे काम करने वाले" हैं वे बहुत गरीबों की तुलना में कहीं अधिक सावधान और संरक्षणशील हैं। अपवाद हैं, यह सच है, लेकिन नियम यह है कि जो व्यक्ति पैसा नहीं बचा सकता, उसमें जीवन में सफलता हासिल करने की क्षमता नहीं है। कुछ चीजों से खुद को इनकार करने में असमर्थता चरित्र की कमजोरी और उद्देश्य की कमी को दर्शाती है जो सफलता को असंभव बना देती है। जिन दो व्यक्तियों को मैं जानता था, उन्होंने पी5 पर बहुत अच्छी संपत्ति बनाई, जिसे उन्होंने मामूली कमाई से बचाया था। शुरुआत हमेशा कठिन होती है: यदि आप प्रारंभिक कठिनाइयों पर काबू नहीं पा सकते हैं तो आपके पास जीवन की लड़ाई में टिके रहने का दृढ़ उद्देश्य नहीं है। दूसरी ओर, एक बार प्रारंभिक कठिनाइयों पर काबू पा लेने के बाद, अपने बार्क को समृद्धि

की धारा में ले जाना मुश्किल नहीं है। जब एक बार आपको एहसास होता है कि असीमित प्रचुरता है जिसमें आप साझा कर सकते हैं: जब एक बार आप इस प्रचुरता की चेतना में रहना सीख जाते हैं, साथ ही अपनी वर्तमान आय के भीतर रहते हुए और अपना वर्तमान कार्य भी उतना ही अच्छे से करना जितना संभव हो सके। पूरा करने के लिए, आप समृद्धि की राह पर निकल पड़े हैं। जो यह महसूस करता है और वास्तव में विश्वास करता है कि उसके लिए प्रचुरता और प्रचुरता है, वह एक शक्तिशाली कानून लागू करता है जो निश्चित रूप से देर-सबेर उसके लिए अवसर लाएगा। हालाँकि, कई लोग यह न जानकर अपनी आशाओं को बर्बाद कर देते हैं कि कुछ समय के लिए उन्हें एक प्रकार का दोहरा जीवन जीना होगा। उन्हें चेतना में समृद्ध होना चाहिए, लेकिन वास्तविक व्यवहार में सावधान और मितव्ययी होना चाहिए। वह समय आएगा जब उनके साधन बड़े पैमाने पर बढ़ जाएँगे, तब, यदि वे बुद्धिमान होंगे, तो वे अपनी आय के बजाय, अपनी आय के कुछ हिस्से पर जीवन यापन करेंगे। इससे उन्हें धर्मार्थ उद्देश्यों, आगे के अवसरों का लाभ उठाने और विस्तार के लिए व्यापक मार्जिन मिलेगा। बहुत से व्यवसायियों को सुनहरे अवसर हाथ से जाने देने पड़ते हैं, सिर्फ इसलिए क्योंकि उन्होंने अत्यधिक निजी व्यय के कारण बहुत कम या कुछ भी नहीं बचाया है या उन्हें अपनी योजनाओं को साझा करने के लिए अन्य लोगों को शामिल करना पड़ता है, जो मुनाफे का एक बड़ा हिस्सा लेने के अलावा अन्य तरीकों से एक गंभीर बाधा और बाधा साबित करें।

जबकि इसके सार में, आपूर्ति का स्रोत आध्यात्मिक है, यह भौतिक चैनलों के माध्यम से हमारे पास आता है और इसमें हिस्सा लेने के लिए, इसे अर्जित करना आवश्यक है। आपूर्ति के रूप में हम जीवन से जो प्राप्त करते हैं, उसके बदले में हमें

कुछ देना होगा। हमें प्राप्त करने के लिए देना होगा और जो हम देते हैं वह कुछ ऐसा होना चाहिए जो दुनिया चाहती है या जिसकी उसे आवश्यकता है।

आपूर्ति का रहस्य, फिर, यह महसूस करना है कि असीमित प्रचुरता है और इसकी चेतना में रहना जैसे कि कोई भौतिक चैनल मौजूद नहीं था और साथ ही, उत्साहपूर्वक काम करना और इतना सावधान रहना आध्यात्मिक आपूर्ति जैसी कोई चीज़ नहीं थी। साथ ही, हमें दुनिया को वह कुछ देना चाहिए जो वह चाहती है या अन्यथा अपने सभी मामलों में ईमानदारी, ईमानदारी और न्याय का प्रयोग करते हुए कुछ उपयोगी क्षमता में सेवा करनी चाहिए। यह उम्मीद करना मूर्खता है कि बहुतायत हमारी झोली में रेडीमेड गिरा देगी; इसे बुद्धिमान और वफादार सेवा द्वारा अर्जित किया जाना चाहिए।

एक सेवानिवृत्त व्यवसायी व्यक्ति होने के नाते, जिसने अपना जीवन बिना किसी चीज़ के शुरू किया, यहाँ तक कि अच्छे स्वास्थ्य के साथ भी नहीं, मैंने इस विषय को एक व्यवसायी व्यक्ति के दृष्टिकोण से देखा है। हालाँकि, यह सिद्धांत जीवन के हर क्षेत्र में लागू होता है और प्रत्येक पाठक इस पाठ की शिक्षा को अपनी विशेष आवश्यकताओं के अनुसार अपना सकता है।

❁❁❁

अध्याय-8.

अवचेतन मन की शक्तियाँ और सीमाएँ

अवचेतन मन प्रकृति का मन है। इसके पास असाधारण शक्तियां और बुद्धि है, लेकिन कोई प्रेरणा नहीं है। यह सहज है; यह पशु है; यह कुदरती हैं; लेकिन इसमें ईश्वर जैसा कुछ भी नहीं है – यह पृथ्वी और भौतिक स्तर का है। इसे हमारे शरीर के भीतर निवास करने वाली प्रकृति की आंतरिक शक्तियों के रूप में वर्णित किया जा सकता है। यह कहने के बाद हमने अवचेतन के बारे में जो कुछ भी कहा जाना है वह लगभग कह दिया है, फिर भी यह वह मन है जिसे कुछ लोगों ने साक्षात भगवान बना दिया है।

यदि अवचेतन मन को सही दिशा में ले जाया जाए, तो यह एक बहुत अच्छा दोस्त है, जो बार-बार दोहराए जाने वाले सभी विचारों और कार्यों को आदत में बदल देता है, जो समय के साथ व्यवस्थित हो जाते हैं और जीवन का हिस्सा बन जाते हैं। इस प्रकार, सचेतन सही सोच और सचेतन सही कार्य से, एक अच्छी आदत बनती है, जो समय के साथ, व्यावहारिक रूप से स्वचालित हो जाती है। निःसंदेह, इससे चरित्र का निर्माण होता है, जो बदले में जीवन को प्रभावित करता है। तब देखा जाएगा कि इस इच्छुक और वफादार सेवक का सही उपयोग कितना महत्वपूर्ण है। यह कोई भगवान नहीं है, इसकी कोई प्रेरणा नहीं है, लेकिन यह एक बहुत ही उपयोगी सेवक है, जैसा कि हम देखेंगे।

हमारे अधिकांश कार्य या गतिविधियाँ अवचेतन रूप से की जाती हैं या बनाई जाती हैं। "अभ्यास परिपूर्ण बनाता है" का कारण यह है कि अवचेतन मन कार्य करना सीखता है और ऐसा करने से वह कार्य हमारे हाथ से छीन जाता है। मोटर-कार चलाना सीखना कितना कठिन है। कितनी सावधानी से, सबसे पहले, हमें डी-क्लच को दोगुना करना होगा और एक शोर रहित "परिवर्तन" के लिए सही इंजन गति प्राप्त करनी होगी, फिर भी, एक समय के बाद, पूरी क्रिया अवचेतन रूप से की जाती है। पियानोफोर्ट वादन के साथ भी ऐसा ही है। कई वादक, कुछ दूसरों से बेहतर, सबसे कठिन शास्त्रीय संगीत को सचेत रूप से दिमाग में याद

किए बिना बजा सकते हैं। जैसे ही वे याद करने की कोशिश करते हैं तो पूरा "टुकड़ा" उन्हें छोड़ देता है, लेकिन जब तक वे पूरे मामले को अवचेतन (जो कभी नहीं भूलता) पर छोड़ देते हैं, वे खेलना जारी रख सकते हैं। मैं और मेरा चेतन मन इस पुस्तक का वास्तविक लेखन ज्यादा नहीं कर रहे हैं। हम विचार सोचते हैं और वाक्यों के निर्माण में हमारा कुछ योगदान होता है, लेकिन अवचेतन मन उन्हें लिख लेता है। यदि मुझे प्रत्येक शब्द और अक्षर के बारे में सोचना पड़े, तो मेरा कार्य निराशाजनक होगा और मैं थकान से अधमरा हो जाऊँगा।

हालाँकि, अवचेतन मन और भी अधिक सहायक है, क्योंकि यह हमारी सोच का बड़ा हिस्सा करता है और इसे बहुत कुछ करना सिखाया जा सकता है। यदि हमें तर्क के नियमों के अनुसार हर चीज़ पर परिश्रमपूर्वक विचार करना पड़े, तो जीवन असहनीय हो जाएगा। इसके बजाय हमारा अवचेतन मन हमारी सोच का अधिकांश काम करता है और यदि हम उसे मौका देते हैं, तो वह इसे अत्यंत सटीक तरीके से, तर्क के नियमों के अनुसार और थोड़ी सी भी थकान के बिना करेगा। जितना अधिक हम अवचेतन को हमारे लिए सामान्य सोच-विचार करने के लिए प्रशिक्षित करते हैं, उतना ही कम हम थकान से पीड़ित होते हैं। थकान अवचेतन मन के लिए अज्ञात है, इसलिए हम इसे कभी नहीं थका सकते या अधिक काम नहीं कर सकते।

अवचेतन मन को हमारे लिए अधिक से अधिक कार्य करने के लिए तैयार किया जा सकता है यदि हम उसे निपटने के लिए निश्चित कार्य सौंपें। जिसने विचार पर नियंत्रण सीख लिया है, जो किसी मामले को उठा सकता है, उसके सभी पहलुओं पर विचार कर सकता है और फिर विषय को अपने सचेत विचार से खारिज कर सकता है, वह अपनी दक्षता को सौ प्रतिशत बढ़ाने में सक्षम है

और अपनी मानसिक थकान को लगभग कम कर सकता है। लोपी बिन्दु। अपनी समस्याओं को श्रमपूर्वक हल करने और उन पर चिंता करने और योजना बनाने के बजाय, वह बस उन्हें एक मास्टर दिमाग द्वारा निपटाने के लिए अपने अवचेतन मन में छोड़ देता है जो लगातार, बड़ी तेजी, अत्यधिक सटीकता और पूरी तरह से बिना प्रयास के काम करता है। हालाँकि, अवचेतन को हर उपलब्ध जानकारी देना आवश्यक है, क्योंकि उसके पास कोई प्रेरणा या अलौकिक ज्ञान नहीं है, बल्कि उसे दिए गए तथ्यों के अनुसार तार्किक रूप से काम करता है।

यह महान, प्राकृतिक, अथक "दिमाग नीचे", जैसा कि इसे कहा जाता है और भी अधिक उपयोगी कार्य करने में सक्षम है। एक लेखक या वक्ता या उपदेशक अपने लेख, पुस्तक, भाषण या उपदेश के लिए नोट्स और विचार एकत्र कर सकता है और उन्हें अपने अवचेतन मन तक इस आदेश के साथ भेज सकता है कि उन्हें उपयुक्त क्रम, विभाजन, उप-विभाजन इत्यादि में व्यवस्थित किया जाए। जब वह अपने भाषण या उपदेश के नोट्स लिखने या तैयार करने के लिए आता है, तो वह पाएगा कि उसके लिए सारा काम किया जा चुका है और उसे बस इसे लिखना है, बिना किसी प्रयास या थकान के।

फिर, एक व्यवसायी व्यक्ति जिसने इस तरह से अपने अवचेतन मन का उपयोग करना सीख लिया है, उसे भविष्य के लिए योजना बनाकर खुद को परेशान करने या चिंता करने या थकाने की जरूरत नहीं है। उसे बस इतना करना है कि तथ्यों को "नीचे के बड़े दिमाग" को सौंपना है और सारी योजनाएँ उसके लिए पूरी हो जाएँगी, पूरी तरह से बिना किसी प्रयास के और उससे कहीं अधिक कुशलता से जो उसने श्रमसाध्य सचेतन सोच के माध्यम से किया होगा।

निम्नलिखित, जो अभी मेरे ध्यान में लाया गया है, इस अध्याय की शिक्षा की एक आश्चर्यजनक पुष्टि है। कोलियर्स मैगजीन के हालिया अंक में हेनरी फोर्ड का एक साक्षात्कार छपा। उन्होंने उस तरीके के बारे में बात की जिसके साथ बड़े व्यवसायी समस्याओं से निपटते हैं और बताया कि वे योजनाओं या विचारों पर विचार करने और माथापच्ची करने में बहुत समय नहीं बिताते हैं। उन्होंने कहा: "हमारे पास एक विचार आता है: हम थोड़ी देर के लिए इसके बारे में सोचते हैं और फिर हम इसे बर्तन में उबालने के लिए रख देते हैं। हम इसे कुछ समय के लिए उबलने देते हैं और फिर इसे बाहर निकाल लेते हैं।" निस्संदेह, हेनरी फ़ोर्ड का मतलब वही है जो हम कह रहे हैं, अर्थात, विचार या समस्या को अवचेतन मन को खारिज कर दिया जाता है, जो इस पर काम करता है और इसे निर्णय के लिए चेतन मन के सामने प्रस्तुत करता है।

फिर भी, एक आविष्कारक या जो कोई यांत्रिक चीज़ का निर्माण कर रहा है, वह अवचेतन मन का ठीक उसी तरह उपयोग कर सकता है। उसे पूरी समस्या को संक्षेप में बताने दें, अपने सभी तथ्यों और उपलब्ध जानकारी को व्यवस्थित करें और उन सभी को अपने अवचेतन मन में स्थानांतरित करें, जब, यदि एक सफल परिणाम संभावना की सीमा के भीतर है, तो एक उत्तर या विचार सामने आएगा। यह सब किया जा रहा है, आप पर ध्यान दें, बिना किसी प्रयास के।

यह सब, विशेषकर कुछ पाठकों को, अद्भुत और दूर की कौड़ी लग सकता है, फिर भी इसमें कुछ भी गुप्त या रहस्यमय नहीं है। मुझे पूरा यकीन है कि कोई भी महान लेखक, राजनेता या व्यवसायी व्यक्ति नहीं है जो अपने अवचेतन मन का इस तरह से उपयोग नहीं करता है। वह शायद अनजाने में ऐसा करता है, लेकिन उसकी प्रक्रिया वही है। कुछ लोग अपने पूरे दिमाग को स्वाभाविक रूप

से नियोजित करते हैं। ये उपलब्धि हासिल करने वाले व्यक्ति बन जाते हैं, जो जिम्मेदार पदों पर आसीन होते हैं और जो बिना तनाव, चिंता या परवाह के भारी बोझ उठाते हैं। जिम्मेदारी उन पर हल्के ढंग से बैठती है और जब वे पदों पर होते हैं और जब कार्यों और कठिनाइयों का सामना करते हैं, तो वे शांत और निर्विवाद होते हैं जैसे कि एक सामान्य व्यक्ति को उसके दिमाग से बाहर कर दिया जाएगा। ऐसे पुरुष अपनी ध्यान और एकाग्रता की शक्ति को बहुत उच्च स्तर तक विकसित कर लेते हैं (जो कोई भी ईमानदार व्यक्ति ऐसा कर सकता है)। किसी समस्या की जड़ तक पहुँचने और सभी संभव डेटा प्राप्त करने के लिए उन्हें बहुत कष्ट होता है, लेकिन उसके बाद, यह उनका अवचेतन मन ही है जो सभी काम करता है और जो किसी निर्णय पर पहुंचता है।

हालाँकि कुछ लोगों के लिए अपने अवचेतन मन का सही तरीके से उपयोग करना स्वाभाविक है, लेकिन अधिकांश लोग ऐसा करने में स्वयं को असमर्थ पाते हैं। हालाँकि, ऐसा हो सकता है

प्रशिक्षण द्वारा कला प्राप्त करें। सबसे पहले, विचार-नियंत्रण सीखना आवश्यक है, ताकि किसी समस्या को लेने में सक्षम किया जा सके या इच्छानुसार उसे दिमाग से पूरी तरह से खारिज कर दिया जा सके। जब किसी समस्या को हल करने के लिए अवचेतन को भेजा जाता है, तो विषय को चेतन मन से पूरी तरह से खारिज कर दिया जाना चाहिए। समस्या को लेकर चिंतित नहीं होना चाहिए, न ही उस पर विचार करने की अनुमति देनी चाहिए; इसे पूरी तरह से अवचेतन पर छोड़ देना चाहिए। दूसरा, समस्या से जुड़े हर संभावित विवरण और जानकारी को चेतन मन द्वारा समझा जाना चाहिए और पूरे मामले, पक्ष और विपक्ष, को अवचेतन में स्थानांतरित करने से पहले कल्पना की जानी

चाहिए। तब यह देखा जाएगा कि उच्च कोटि का विचार-नियंत्रण आवश्यक है, ध्यान और एकाग्रता की शक्तियाँ भी। ये सभी कोई भी व्यक्ति विकसित कर सकता है जो वास्तव में ईमानदार है।

अवचेतन मन का उपयोग शुरू करने का एक अच्छा तरीका यह है कि जब कोई सोने जा रहा हो तो समस्या को अपने दिमाग में रखें। किसी भी हालत में, समस्या को हल करने या उस पर चिंता करने का कोई प्रयास नहीं किया जाना चाहिए। इसके बजाय, मामले के मुख्य तथ्यों को, दोनों पक्षों से, मार्शल किया जाना चाहिए और मामले को अवचेतन मन के सामने उसी तरह प्रस्तुत किया जाना चाहिए जैसे आप इसे अपने वकील के सामने रखेंगे। ऐसा करने के बाद, पूरे मामले को अपने अवचेतन मन पर छोड़ दें और ज्यादातर मामलों में आप सुबह पाएँगे कि आपकी ओर से बिना किसी प्रयास या थकान के समाधान निकल आया है।

निःसंदेह, यह उन कई तरीकों में से एक है जिसमें अवचेतन मन अपने स्वामी या जिसे स्वामी होना चाहिए, की सेवा कर सकता है और करता है। प्रकृति की यह महान अदृश्य शक्ति सदैव कार्यरत रहती है। मन में जो भी आदर्श होता है वह अवचेतन मन के अथक परिश्रम से जीवन में पिरोया जाता है। अपना ध्यान केवल ऊंची और ऊंची उपलब्धि पर केंद्रित करें और आप प्रकृति की सभी अदृश्य आंतरिक शक्तियों को उसकी उपलब्धि पर केंद्रित कर देंगे। समय के साथ, तुम जैसा बोओगे वैसा ही काटोगे। यदि आप अपना ध्यान सही दिशा में लगाएंगे, इसे ऊर्जावान, सचेत क्रिया के साथ समर्थित करेंगे, तो आपका अवचेतन मन दिन-रात आपकी मदद करेगा, जिससे सफलता और उपलब्धि संभव होगी।

❋❋❋

अध्याय-9.
आध्यात्मिक या अतिचेतन मन का उपयोग

हम पहले ही देख चुके हैं कि अवचेतन मन, अद्भुत होते हुए भी, सहज मात्र है, उसमें प्रेरणा और जिसे हम मौलिकता कहते हैं, का अभाव है।

सारी प्रेरणा अतिचेतन के माध्यम से, सार्वभौमिक मन से आती है। सभी कवियों और प्रेरित लेखकों को इसी प्रकार प्रेरणा मिलती है।

इस उच्च मन को मनोवैज्ञानिकों द्वारा मान्यता प्राप्त नहीं है, लेकिन आध्यात्मिक सत्य की खोज करने वाले इसे लंबे समय से जानते हैं।

हम अवचेतन से जो प्राप्त करते हैं वह उसे दिए गए तथ्यों और ज्ञान का परिणाम है। हम अतिचेतन से जो प्राप्त करते हैं वह उच्चतर स्तरों से प्रत्यक्ष प्रेरणा है। इस उच्च मन को रोशनी का दिमाग भी कहा जा सकता है, क्योंकि जो लोग इसमें प्रवेश कर सकते हैं वे प्रकाशित हो जाते हैं, सत्य को जानने और चीजों को वैसे ही देखने में सक्षम होते हैं जैसे वे वास्तव में हैं, न कि उस तरह जैसे वे इंद्रियों को झूठी दिखाई देती हैं।

यह सीमित चेतना जिसमें हम रहते हैं वह हमारी पाँच इंद्रियों से बंधी हुई है। हम अपने चारों ओर जो ब्रह्मांड देखते हैं वह आंशिक रूप से वास्तविक और आंशिक रूप से भ्रम है। वास्तविक ब्रह्मांड आध्यात्मिक और अनंत है: हम जो महसूस करते हैं वह इसके एक टुकड़े की एक सीमित, आंशिक अवधारणा है।

ब्रह्मांड के बारे में हमारी सीमित, सीमित अवधारणा पूरी तरह से भ्रामक और गलत है और जब तक हम इंद्रिय प्रमाण और मानव मन पर भरोसा करते हैं, हम अंधेरे और अनिश्चितता में रहते हैं। हालाँकि, जब हम अति-चेतन क्षेत्र में ऊपर उठ सकते हैं, तो हमारी चेतना का विस्तार होता है, इंद्रियों और भौतिक स्तर की सीमाओं को पार करते हुए।

निःसंदेह, आध्यात्मिक मन केवल उन्हीं लोगों के लिए सुलभ है जो इसके सूक्ष्म स्पंदनों के प्रति अधिक सूक्ष्मता से अभ्यस्त हैं। जो कुछ भी पाने योग्य है वह प्रयास के बिना प्राप्त नहीं किया जा सकता है और बहुत आत्म-अनुशासन के बाद

ही छात्र के लिए अपनी चेतना को इस उच्च क्षेत्र तक उठाना और जीवन को सार्वभौमिक मन के दृष्टिकोण से समझना संभव हो पाता है।

इस उच्च मन के उपयोग के बारे में रहस्यमय या मानसिक कुछ भी नहीं है। जो इसका उपयोग कर लेता है वह आध्यात्मिक विचारधारा वाला बन जाता है, बस इतना ही। वह समाधि में नहीं जाता है, न ही उसे दिव्यदर्शी बनने की आवश्यकता है: वह बस एक स्वस्थ, सामान्य व्यक्ति बना रहता है, केवल इस अंतर के साथ – वह सामान्य व्यक्ति की तुलना में अपने दिमाग का अधिक उपयोग करता है।

जो इस उच्च मन का उपयोग करने में सक्षम है वह वह विकसित करता है जिसे "मौलिकता का दिव्य गुण" कहा गया है। यदि कभी किसी व्यक्ति को सामान्यता के मृत स्तर से ऊपर उठना है तो यह उसके अतिचेतन मन के माध्यम से, उच्च स्तरों से प्रत्यक्ष प्रेरणा के माध्यम से होना चाहिए। यदि कभी किसी व्यक्ति को एक नया विचार सामने लाना है जो मानवता को समृद्ध करेगा और सामान्य भलाई में योगदान देगा, तो उसे उच्च मन के माध्यम से आना चाहिए।

जो व्यक्ति ठीक से समन्वित हो जाता है, वह अति-चेतन मन के माध्यम से, उस ज्ञान का प्राप्तकर्ता बन जाता है जो मानव से ऊपर है और वह ज्ञान जो दिव्य है। वह प्रत्यक्ष जानने से जानता है: वह दिव्य ज्ञान के प्रवाह के माध्यम से बुद्धिमान बन जाता है। वह असली और नकली के बीच, सोने और मैल के बीच अंतर करने में सक्षम है: वह जीवन में सही रास्ते को देखने और पहचानने में भी सक्षम है – इंद्रियों के दिमाग के लिए पूरी तरह से असंभव बात और इस प्रकार उस पर चलने में सक्षम है उसे एकमात्र सच्ची सफलता और वास्तविक भलाई की ओर ले जाया जा रहा है जिसमें उसका जीवन सक्षम है।

यहाँ यह कहा जाए कि सारी बुद्धिमत्ता भीतर से आनी चाहिए। हालाँकि किताबें और लिखित शब्द सहायक हो सकते हैं, यह पाठक के भीतर की आत्मा है जो शब्द को प्रकाशित करती है और ज्ञान के साधक के लिए इसे वास्तविक और सच्चा बनाती है। जो यह महसूस करता है कि उसके भीतर दिव्य आत्मा प्रकाशित है और केवल यही उसे वास्तविक ज्ञान में ला सकता है, वह उस मार्ग पर अच्छी तरह से आगे बढ़ जाता है जो बोध की ओर ले जाता है।

मानव मन की बुद्धिमत्ता सदैव निराशा की ओर ले जाती है। यह इंद्रियों के प्रमाण पर आधारित है, जो ग़लत है, इसलिए इसके निष्कर्षों में हमेशा वास्तविक ज्ञान का अभाव होना चाहिए। जो व्यक्ति दिव्य बुद्धि की प्रेरणा पर भरोसा करता है, उसे अक्सर ऐसा कदम उठाने का निर्णय लेना पड़ता है, जो जाहिर तौर पर, उसके सर्वोत्तम हितों के विपरीत होता है। फिर भी, यदि वह आंतरिक ज्ञान का अनुसरण करता है, तो वह पाता है कि उसे हमेशा सही मार्गदर्शन मिलता है और बाद में, उसके पास श्रद्धापूर्वक आभारी होने का कारण होता है कि उसने उस चमक का अनुसरण किया।

अध्याय-10.

चरित्र निर्माण और आदत पर काबू पाना

चरित्र निर्माण जीवन का सबसे बड़ा उद्देश्य है। ऐसा कहा गया है कि चरित्र ही वह एकमात्र चीज़ है जिसे हम इस जीवन से विदा होने पर अपने साथ ले जा सकते हैं। यह बिल्कुल सत्य है, इसलिए सभी धर्मों (धार्मिकता नहीं), मानसिक प्रशिक्षण और विकास का उद्देश्य चरित्र निर्माण होना चाहिए। जो धर्म चरित्र का निर्माण नहीं करता वह बेकार है। जो लोग सोचते हैं कि वे जीवन में "फ़्लॉप" हो सकते हैं, जहाँ तक संभव हो, इसके अनुशासन से बच सकते हैं, अपने चरित्र को सुधारने के लिए कोई प्रयास नहीं करते हैं और एक निश्चित पंथ में विश्वास करके चमत्कारिक रूप से पूर्ण बन सकते हैं, केवल मरकर, वे स्वयं को धोखा दे रहे हैं। हम किसी पंथ में विश्वास करके या मरने से, "संपूर्ण" नहीं बनते हैं यानी, एक मजबूत और आदर्श चरित्र वाले, बल्कि प्राप्ति से बनते हैं। भगवान उनकी मदद करते हैं जो अपनी मदद स्वयं करते हैं और वे लोग जो बेहतर चीजों के लिए प्रयास नहीं करेंगे, वे उपलब्धि की सभी शानदार और अद्भुत संभावनाओं से खुद को दूर कर लेते हैं।

हालाँकि, प्राप्ति के पथ में प्रवेश करने और ईश्वरीय छवि में परिवर्तित होने और उसके अनुरूप बनने जैसी उच्च चीजों के बारे में सोचने से पहले, औसत व्यक्ति यह जानना चाह सकता है कि बुरी आदतों और चरित्र की कमजोरियों को

कैसे दूर किया जाए जो उसे नीचे धकेल रही हैं। जीवन और संभवतः, उसके स्वास्थ्य को कमज़ोर कर रहा है। अधिकांश लोग कुछ गलत आदतों के प्रति सचेत हैं जिन्हें दूर किया जाना चाहिए और चरित्र की कमज़ोरियों के प्रति सचेत हैं जिन्हें दूर किया जाना चाहिए। संभवतः उन्होंने वर्षों तक अपनी आदतों या कमज़ोरियों के विरुद्ध संघर्ष किया है, प्रार्थना करते-करते थक जाने तक प्रार्थना की है, एक नया पत्ता लाने के अनगिनत प्रयास किए हैं, फिर भी सब व्यर्थ हुआ, क्योंकि वे हमेशा की तरह मजबूती से काम में लगे हुए हैं। बहुत से लोग संघर्ष छोड़ देते हैं और एक प्रकार का जेकेल और हाइड अस्तित्व जीने का प्रयास करते हैं, बाहरी तौर पर एक ईसाई या धर्मी व्यक्ति होते हैं, लेकिन अंदर से कुछ अलग होते हैं। फिर भी उन्हें इस दोहरे जीवन में कोई संतुष्टि नहीं मिलती, क्योंकि वे जानते हैं कि वे रसातल की ओर जा रहे हैं।

फिर भी बचने का एक रास्ता है जो सभी के लिए खुला है। अनंत ने मनुष्य को ऐसी शक्तियाँ प्रदान की हैं जो स्पष्ट रूप से असीमित हैं: ऐसी शक्तियाँ जिनका उपयोग या तो जीवन और चरित्र का निर्माण करने या उन्हें नष्ट करने के लिए किया जा सकता है। ये शक्तियाँ अवचेतन मन की हैं। यह मन असीमित, अथक शक्तियों का भंडार है और यदि हम इसका सही उपयोग करते हैं, तो यह हमारा सबसे अच्छा दोस्त बन जाता है या, यदि हम इसका दुरुपयोग करते हैं, तो यह हमारा सबसे बड़ा दुश्मन बन जाता है।

हर बार जब कोई बुरा कार्य किया जाता है, तो तंत्रिका तंत्र में अद्भुत परिवर्तन होते हैं और ऊर्जा कुछ कोशिकाओं में संग्रहित हो जाती है, जिससे भविष्य में किसी अवसर पर गलत कार्य करना आसान हो जाता है। यह भी उतना ही सच है कि जब भी कोई अच्छा कार्य किया जाता है, तो समान परिवर्तन होते हैं, लेकिन

विपरीत दिशा में, जिससे भविष्य में वही कार्य करना आसान हो जाता है। यह आदत की जबरदस्त शक्ति को समझाता है। हमारा शरीर, मस्तिष्क और तंत्रिका तंत्र, किए गए कार्य के प्रकार के अनुसार या तो बदतर या बेहतर के लिए बदल जाते हैं।

हमें अभी तक पूरी तरह से एहसास नहीं हुआ है कि एक अद्भुत साहसिक जीवन क्या है। हमें जबरदस्त शक्तियां सौंपी गई हैं और उनके उपयोग या दुरुपयोग से हम या तो खुद को नष्ट कर सकते हैं या हर संभव दिशा में अपने

चरित्र का निर्माण कर सकते हैं। कितनी ज़िम्मेदारी है, फिर भी क्या गौरवशाली अवसर है!

हालाँकि, बुरी आदत और चरित्र की कमजोरियों से बचने का रास्ता खोजने के लिए, हमें वास्तविक कर्मों से अधिक गहराई में जाना होगा, क्योंकि कर्म छिपे हुए कारणों के प्रभाव हैं। सभी कार्यों का कारण विचार है। किसी ने कहा है कि विचार जन्म लेने की प्रक्रिया में होने वाली एक क्रिया है। यह सच है कि हमारे पास आदिम इच्छाएं और आवेग हैं, लेकिन विचारों और ध्यान को उच्च और बेहतर चीजों की ओर निर्देशित करके इन्हें महान कार्यों और उच्च उपलब्धि में बदला जा सकता है। उदाहरण के लिए, यदि विचारों और ध्यान को पूरी तरह से सेक्स से बौद्धिक गतिविधियों में स्थानांतरित कर दिया जाए तो सेक्स की शक्तियां मस्तिष्क की शक्ति में परिवर्तित हो जाती हैं। हालाँकि, यदि विचारों को सेक्स या जुनून पर केन्द्रित करने की अनुमति दी जाती है, तो राज्य अपने आप में विभाजित हो जाता है और मनुष्य रसातल की ओर बहने लगता है। आधुनिक जीवन का तनाव हमारे घरों को भर रहा है, फिर भी ऐसे लोग हैं जो दिन में पंद्रह या यहाँ तक कि अठारह घंटे काम कर सकते हैं और उस पर फल-फूल सकते हैं, हालांकि गंभीर रूप से कठिन दिमागी काम में लगे हुए हैं। इन्होंने अपनी निचली शक्तियों को उच्चतर शक्तियों में परिवर्तित करना सीख लिया है। यह गूढ़ या गुप्त प्रथाओं के माध्यम से नहीं किया जाता है, बल्कि ऊपर की चीजों पर हमारे स्नेह को स्थापित करने के लिए ईश्वरीय आदेश का पालन करके किया जाता है। दूसरे शब्दों में, अपने विचारों और ध्यान को उच्च और बेहतर लक्ष्यों, महत्वाकांक्षाओं और लक्ष्यों पर केंद्रित रखना।

बुरी आदतों से लड़कर उन पर काबू पाना असंभव है, क्योंकि जितना अधिक हम उनसे लड़ते हैं वे उतनी ही मजबूत होती जाती हैं। “बुराई का विरोध नहीं” का आदेश आदत पर बहुत लागू होता है। बचने का रास्ता बुरी या गलत आदत से लड़ना नहीं है, चाहे उसका चरित्र कुछ भी हो, बल्कि एक अच्छी आदत बनाने पर ध्यान केंद्रित करना है जो बुरी के पैरों के नीचे से जमीन काट देगी या ध्यान को उच्चतर की ओर ले जाना है और बेहतर चीज़ें।

हम जिस भी चीज़ पर अपना ध्यान केंद्रित करते हैं या जो कुछ भी हम आदर्श बनाते हैं, हमारा अवचेतन मन उसे हमारे जीवन में साकार करने और साकार करने का प्रयास करता है। किसी आदत से लड़ते हुए हम अवचेतन का ध्यान उस पर केंद्रित करते हैं और यह घातक है। हालाँकि, यदि हम अपना पूरा ध्यान पूरी तरह से अलग चीज़ पर केंद्रित करते हैं और जो उच्चतर और बेहतर है, तो अवचेतन की सभी शक्तियां जीवन और शरीर में, ध्यान की नई वस्तु के उत्पादन की ओर निर्देशित होती हैं।

इसलिए, हम देखते हैं कि हमें आदत पर काबू नहीं पाना है। यदि हमने ऐसा किया, तो हमारा कार्य निराशाजनक होगा, क्योंकि मानव इच्छाशक्ति अवचेतन मन की शक्ति के सामने असहाय है। अवचेतन शक्तियों को कल्पना द्वारा संचालित किया जा सकता है, लेकिन उन्हें इच्छाशक्ति से बाध्य नहीं किया जा सकता। इच्छाशक्ति का उपयोग आदत से लड़ने के लिए नहीं, बल्कि किसी उच्चतर और बेहतर चीज़ की ओर ध्यान बढ़ाने और निर्देशित करने के लिए किया जाना चाहिए। इस माध्यम से एक नई आदत बनती है। अवचेतन मन का ध्यान बुरी आदत से हट जाता है और उसकी सारी शक्तियाँ एक नई और बेहतर आदत के निर्माण की ओर लग जाती हैं। अवचेतन को इसकी परवाह नहीं होती कि

आदत क्या है। यह इस बात से उदासीन है कि यह अच्छा है या बुरा। यह एक बुरी आदत की तरह ही एक अच्छी आदत पैदा करने के लिए भी इच्छुक है। इसलिए, हम में से प्रत्येक अपना भाग्य अपने हाथों में रखते हैं। हम अपने विचारों और कल्पना को नियंत्रित करके और अपना ध्यान बेहतर चीजों की ओर निर्देशित करके, अवचेतन की सभी शक्तियों को अच्छी आदतों के निर्माण पर केंद्रित कर सकते हैं या दूसरी ओर, हम अपने विचारों और विचारों को अनुमति देकर कर सकते हैं। मानसिक चित्र अवांछनीय बातों पर केन्द्रित हो जाते हैं और हमारा ध्यान निम्न या कमजोर आदर्शों की ओर चला जाता है, अवांछनीय आदतों में पड़ जाते हैं। आदतों को उत्पन्न करने वाली शक्ति प्रत्येक मामले में समान होती है; यह वह तरीका है जिसमें इस शक्ति को निर्देशित किया जाता है जो महत्वपूर्ण और आवश्यक चीज़ है।

यह बताना बहुत आवश्यक है कि सही सोच और कल्पना का सही उपयोग के साथ-साथ सही कार्य भी होना चाहिए। बहुत से लोग स्व-सुझाव का उपयोग करते हैं और उम्मीद करते हैं कि इससे उनकी बुरी आदतें नष्ट हो जाएँगी और बेहतर आदतें विकसित होंगी, लेकिन बिना सहायता के ऐसा कभी नहीं होगा या कर सकते हैं। यदि रचनात्मक कार्रवाई नहीं की जाती है तो स्व-सुझाव बेकार है। युवाओं को अपनी ऊर्जा भौतिक संस्कृति और खेलों में खर्च करनी चाहिए। वृद्ध लोगों को शौक और बौद्धिक गतिविधियों में रुचि लेनी चाहिए। केवल उन्नत छात्र ही अपने विचारों को नियंत्रित कर सकते हैं ताकि वे मानसिक तरीकों से अपनी जीवन शक्तियों को नियंत्रित कर सकें। जो कम उन्नत हैं, जब उन पर बुरे या कमजोर विचारों का हमला होता है, तो उन्हें उठना चाहिए और कुछ अलग करना चाहिए और इस तरह अपने दिमाग को निषिद्ध विषय से हटाकर ध्यान की नई

वस्तु में रुचि लेनी चाहिए। यह विचारों और ध्यान को नियंत्रित करके इच्छाओं और जीवन शक्तियों को विभिन्न चैनलों में निर्देशित करने का मामला है। यहाँ सच्चे धर्म का मूल्य देखा जाता है, क्योंकि यह जीवन में नए आदर्श लाता है और ध्यान को उच्च और बेहतर चीजों की ओर निर्देशित करता है। लेखक को एहसास है कि इन बेहतर चीजों की इच्छा करने से पहले व्यक्ति के दिल में बदलाव होना चाहिए। हालाँकि, जब यह परिवर्तन हुआ है, तो लड़ाई अभी शुरू ही हुई है, क्योंकि प्रत्येक व्यक्ति को अपना उद्धार स्वयं करना होगा।

सबसे पहले, अधिकांश लोगों को अपना ध्यान आकर्षित करने और अपने विचारों को निषिद्ध विषय से बिल्कुल अलग किसी चीज़ की ओर निर्देशित करने के लिए कुछ करना आवश्यक लगेगा। हालाँकि, बाद में जैसे-जैसे वे सही सोच के विज्ञान में अधिक उन्नत होते जाएँगे, वे अपने विचारों को किसी भी वांछित दिशा में निर्देशित करने में सक्षम होंगे। इसके लिए निरंतर निगरानी की आवश्यकता है। मन की दहलीज से गुजरने से पहले प्रत्येक विचार की सावधानीपूर्वक जाँच की जानी चाहिए। हर नकारात्मक, अयोग्य या तुच्छ विचार को उसके विपरीत में बदलने से मस्तिष्क और तंत्रिका तंत्र में परिवर्तन आता है। गलत सोच और गलत कार्य के उत्पादन के लिए पहले उपयोग की जाने वाली कोशिकाएँ उपयोग से बाहर हो जाती हैं क्योंकि नई कोशिकाएँ सही कार्य के उत्पादन के लिए उपयोग में लायी जाती हैं।

यह अवस्था एक उच्चतर स्तर की ओर ले जाती है जब बुरे विचारों को अच्छे विचारों में बदलना और बुरे या कमजोर विचारों के बजाय सही कार्य करना एक स्थापित आदत बन जाती है। अवचेतन मन की शक्ति, जो एक समय में इतनी बुरी लगती थी, कमोबेश स्वचालित रूप से सही कार्य उत्पन्न करती है। एक बार दांतों

को साफ करने की आदत स्थापित हो जाने के बाद, जब तक उन पर ध्यान नहीं दिया जाता तब तक असहजता महसूस होती है। जब एक गंदा व्यक्ति खुद को अच्छी तरह से धोना और खुद को सभ्य बनाए रखना सीख लेता है, तो गंदा होने पर उसे असहजता महसूस होगी। यही नियम जीवन की अधिक महत्वपूर्ण चीजों और आदतों पर भी लागू होता है। यदि आदत के बंधन में फंसे लोग अपने विचारों और ध्यान को अच्छी आदतें विकसित करने की ओर लगाएं, तो उनकी पुरानी कमजोरियां स्वाभाविक रूप से खत्म हो जाएँगी।

यह नहीं सोचना चाहिए कि जीवन भर की आदतों पर विजय पाना आसान है। पहले तो ऐसा लग सकता है, लेकिन देर-सबेर प्रलोभन अतिरिक्त ताकत के साथ आएगा, जिसके परिणामस्वरूप दुखद पतन हो सकता है। यदि ऐसा होता है, तो यह महत्वपूर्ण है कि घटना पर अधिक ध्यान न दिया जाए। इसके बजाय, शुरुआत करने वालों को खुद को ऊपर उठाना चाहिए, अपने पतन के तात्कालिक कारण का मानसिक ध्यान रखना चाहिए, अनुभव से लाभ उठाना चाहिए और स्वतंत्रता की ओर बढ़ना चाहिए। यह महसूस करना सहायक है कि न केवल अवचेतन मन सही मार्गदर्शन के लिए तैयार है, बल्कि हमारे पीछे भगवान की सभी आध्यात्मिक शक्तियां भी हैं। अनंत एक यह सुनिश्चित करता है कि परिस्थितियाँ हमारे विरुद्ध बहुत अधिक नहीं हैं। हमारी कठिनाइयाँ अजेय नहीं हैं, भले ही वे प्रतीत होती हों। अगर हम निराश न हों तो हम हमेशा जीत सकते हैं। स्वर्ग सहानुभूतिपूर्ण रुचि से देखता है, संघर्ष करने वालों के सफल होने पर खुशियाँ मनाता है और असफल होने पर उनके साथ शोक मनाता है। संघर्ष चुनौतीपूर्ण है, लेकिन इसके माध्यम से ही ईश्वर का खोजी चरित्र में मजबूत बनता है। जीत हमेशा हासिल की जा सकती है जब स्थिति निराशाजनक लगती है, तो

संघर्ष करने वाले को यह याद रखना चाहिए कि कहीं न कहीं भागने का एक रास्ता है और भगवान, जो उनकी स्वतंत्रता और मुक्तिदाता हैं, अगर वे बेहोश नहीं होते हैं, तो वे इसे प्रकट करेंगे। यदि मुक्ति चाहने वाले सभी लोग यह समझ लें कि अनंत की शक्ति उनके पक्ष में है और यदि वे आगे बढ़ते रहे तो वे निश्चित रूप से विजेता बनेंगे, तो उन्हें सफल होना ही होगा। और उनका आनन्द कैसा है! ऐसी कोई खुशी नहीं है जो उस व्यक्ति को मिलती है जिसने अच्छी लड़ाई लड़ी है और चरित्र की आदतों और कमजोरियों पर काबू पाया है।

प्रत्येक पाठक को विजय पाने के इस सर्वोच्च आनंद का अनुभव हो।

❁❁❁

अध्याय-11.
खुशी और मस्ती

हर दिल की गहराई में खुशी की एक अदम्य इच्छा होती है। उन्नत आत्मा सुख की उतनी ही इच्छा करती है, जितनी सुख चाहने वाले सांसारिक; उनके बीच अंतर केवल इतना है कि पहला, ज्ञान और अनुभव के माध्यम से, खुशी की तलाश नहीं करता है, यह जानते हुए कि इसे सीधे खोज से कभी नहीं पाया जा सकता है, बल्कि इसे दूसरों की सेवा और प्रेम और स्वयं पर विजय के माध्यम से पाता है। उत्तरार्द्ध इच्छा-ओ-द-विस्प की तरह, खुशी के हर रूप में खुशी की तलाश करता है और उसे नहीं पाता है।

मनुष्य अपने जीवन से कभी संतुष्ट नहीं होता; वह हमेशा कुछ बेहतर की तलाश में रहता है। जब तक वह ज्ञान नहीं सीखता, वह इसे सुख में, विभिन्न प्रकार की इंद्रिय संतुष्टि में, धन, विलासिता और संपत्ति में ढूंढता है। एक आदमी जितना कम विकसित होता है, वह उतना ही अधिक आश्वस्त होता है कि इन तरीकों से खुशी प्राप्त की जा सकती है और उसकी इच्छाएँ उतनी ही कम होती हैं। उदाहरण के लिए, जो लोग हमारे शहरों में अंडरवर्ल्ड कहलाते हैं, वे बुराई और व्यभिचार में खुशी तलाशते हैं। जो लोग अधिक विकसित हैं वे अधिक परिष्कृत चीज़ों में आनंद की तलाश करते हैं, बौद्धिक गतिविधियों, मित्रता और शुद्ध मानवीय प्रेम में खुशी पाने की उम्मीद करते हैं। ये अधिक विकसित प्रकार उन लोगों की तुलना में इंद्रियों

के माध्यम से बहुत अधिक आनंद प्राप्त करते हैं जो अधिक मौलिक हैं, लेकिन वे अधिक और अधिक तीव्र पीड़ा देने में भी सक्षम हैं। वे चित्र गैलरी से बहुत आनंद प्राप्त कर सकते हैं, जबकि एक जंगली व्यक्ति को कुछ भी दिलचस्प नहीं दिखेगा; वे उन चीज़ों से भी पीड़ित हो सकते हैं जिन्हें एक जंगली व्यक्ति महसूस करने में सक्षम नहीं होगा। फिर भी, कला, विज्ञान, साहित्य आदि से आनंद प्राप्त करने की इस विकसित परिष्कार और क्षमता के बावजूद, खुशी अभी भी उतनी ही दूर है जितनी पहले थी। खुशी पाने के सभी प्रयास अंततः "खालीपन" की ओर ले जाते हैं। न तो धन में और न ही जीवन में आगे बढ़ने वाली हर चीज़ में, न ही प्रसिद्धि और शक्ति में कोई संतुष्टि है। वे पहले तो लुभाते हैं और खुशी का वादा करते हैं, लेकिन वे हमें विफल कर देते हैं और अंततः घमंड और आत्मा की झुंझलाहट के रूप में नजर आते हैं।

ख़ुशी की यह इच्छा अच्छी है, क्योंकि यह हमें असंख्य अनुभवों से गुज़रती है ताकि आत्मा व्यावहारिक अनुभव से, सभी आत्म-खोज की शून्यता का एहसास कर सके और इस प्रकार ज्ञान सीख सके। अनुभव की पूरी श्रृंखला चलाने के बाद, आत्मा अंततः सीखती है कि खुशी कोई ऐसी चीज़ नहीं है जिसे ढूंढने से पाया जा सकता है, बल्कि यह एक आंतरिक मानसिक स्थिति है।

हालाँकि, अच्छा किया गया काम संतुष्टि की शांत भावना लाता है और किसी के करियर में सफलता थोड़े समय के लिए संतुष्टि का स्रोत भी हो सकती है, फिर भी ये आत्मा की गहरी लालसा को संतुष्ट नहीं कर सकते हैं।

हालाँकि, ख़ुशी सेवा में पाई जाती है। ऐसा नहीं है कि हम सेवा में खुशी चाहते हैं और खुश रहने के लिए सेवा करते हैं, बल्कि अगर हम सेवा के लिए दूसरों की सेवा करते हैं, तो हमें वही खुशी मिलती है जो स्थायी और संतुष्ट होगी।

किसी को केवल उन लोगों के जीवन का निरीक्षण करना होगा जो हमेशा स्वार्थी रूप से खोजते और हड़पते रहते हैं, जो अपने व्यवहार में कठोर होते हैं और हमेशा “नंबर एक की तलाश में रहते हैं”, यह देखने के लिए कि स्वार्थी लोगों के लिए खुश रहना कितना असंभव है। इससे कोई फर्क नहीं पड़ता कि वे धन अर्जित करते हैं या गरीब बने रहते हैं – वे समान रूप से दुखी हैं। इसके विपरीत, आपको केवल एक दयालु और पूरी तरह से निःस्वार्थ कार्य करने के लिए अपने रास्ते से हटना होगा और इससे मिलने वाली सरासर खुशी की चमक का अनुभव करना होगा, यह महसूस करने के लिए कि आप जीवन के एक ऐसे नियम के साथ काम कर रहे हैं जो निश्चित और अपरिवर्तनीय है। गुरुत्वाकर्षण के नियम के रूप में।

जीवन में एक उद्देश्य होना चाहिए और इसका उद्देश्य दूसरों के जीवन को बेहतर बनाना होना चाहिए, चाहे कुछ या बहुत से। सेवा के नियम का पालन किया जाना चाहिए; अन्यथा, कोई खुशी नहीं हो सकती। यह कुछ पाठकों को निराशा से भर सकता है, क्योंकि उन्हें ऐसे व्यवसाय में नियोजित किया जा सकता है जो स्पष्ट रूप से किसी के लिए अच्छा नहीं है। उन्हें लग सकता है कि यदि वे मानवता के उत्थान के लिए किसी महान उद्यम में लगे होते, तो वे वास्तव में सेवा कर सकते थे, लेकिन उनके वर्तमान व्यवसाय में, यह असंभव है। ऐसा सोचना बहुत स्वाभाविक है, फिर भी सच्चाई यह है कि हम सभी सेवा के नियम का पालन कर सकते हैं और अपने वर्तमान व्यवसाय में अभी से शुरुआत कर सकते हैं, चाहे वह कुछ भी हो। हमें केवल अपना दैनिक कार्य करना है, न कि ऐसे कार्य के रूप में जिसे हमें आजीविका प्राप्त करने के लिए "पूरा करना" चाहिए या इसलिए कि हमसे यह अपेक्षा की जाती है कि हमें काम करना चाहिए, बल्कि जीवन और दुनिया के प्रति प्रेम की पेशकश के रूप में, सेवा के महान नियम के साथ सामंजस्य स्थापित करना। व्यवसायों के संबंध में मूल्यों के बारे में हमारे विचार "आंतरिक ज्ञान" के दृष्टिकोण से पूरी तरह से गलत हैं। अगर सेवा की सच्ची भावना से ईमानदारी से घर के दरवाजे की सफाई की जाए तो उसका उतना ही मूल्य और वास्तविक महत्व है जितना एक अमर कविता लिखना या किसी के देश के लिए मरना। हम कभी भी सच्चाई से यह नहीं कह सकते कि सेवा का एक कार्य दूसरे से अधिक मूल्यवान या अधिक महत्वपूर्ण है। उच्च कानून जो कुछ भी देखता है वह उद्देश्य है। इसलिए, यदि आपका उद्देश्य सही है, तो आप सबसे विनम्र और जाहिर तौर पर, सबसे बेकार व्यवसाय में लगे रह सकते हैं और फिर भी खुश रह सकते हैं क्योंकि आप सेवा के नियम को पूरा करते हैं।

खुशी का दूसरा रास्ता निम्न प्रकृति पर विजय पाना, कमजोरियों पर काबू पाना, ऊंची और बेहतर चीजों की ओर चढ़ना है। प्रतिदिन यह महसूस करने में

अत्यधिक खुशी होती है कि पुरानी आदतें उखाड़ फेंकी जा रही हैं, चरित्र में कमज़ोरियाँ विकसित हो रही हैं और स्वतंत्रता और स्वतंत्रता की निरंतर बढ़ती स्थिति में प्रवेश हो रहा है। भगवान का शुक्र है, हमें वैसे ही नहीं रहना है जैसे हम एक बार थे, लेकिन हम अनिश्चित काल तक ऊपर की ओर प्रगति कर सकते हैं, क्योंकि हमारे ऊपर चढ़ने की कोई सीमा नहीं है।

लेकिन एक अवस्था ऐसी भी है जो खुशी से भी कहीं ऊंची है और वह है आनंद। खुशी सेवा और विजय से आती है, लेकिन खुशी केवल उसी को मिलती है जो अपने दिव्य स्रोत के साथ अपनी एकता का एहसास करता है। वास्तविकता अवर्णनीय आनंद है छाया की इस दुनिया के पीछे वैभव और आनंद की वास्तविक, आध्यात्मिक दुनिया है। जब आत्मा, पदार्थ, समय और स्थान के माध्यम से अपनी विशाल यात्रा के बाद, अंततः अपने दिव्य स्रोत तक वापस जाने का रास्ता खोज लेती है, तो उसे इस तीव्र आनंद का एहसास होता है, जो शब्दों में वर्णित करने के लिए बहुत महान है। यह न केवल यह एहसास करता है कि वास्तविकता आनंद है और ब्रह्मांड भर गया है, कराह या आह से नहीं, बल्कि मुक्त आत्माओं की मधुर, शांत हंसी से; वह भी इस अवर्णनीय आनंद से भर जाता है।

यह पूछा जा सकता है कि इन सबका व्यावहारिक, रोजमर्रा की जिंदगी से क्या लेना-देना है? सब कुछ, जिसके पास यह शांत आनंद है वह जीवन की लड़ाई में कभी पराजित नहीं हो सकता। उसके भीतर कुछ ऐसा है जो कभी बुझ नहीं सकता और जो उसे जीत से जीत की ओर ले जाएगा।

अध्याय-12.

मानसिक एवं आध्यात्मिक शक्तियों का उपयोग एवं दुरूपयोग

औसत व्यक्ति मानसिक शक्तियों के बारे में कुछ नहीं जानता है और यद्यपि वह अचेतन गलत सोच के प्रभावों से पीड़ित हो सकता है, लेकिन उसे आंतरिक शक्तियों का जानबूझकर दुरुपयोग करने का कोई खतरा नहीं है। हालाँकि, जिसने इन आंतरिक शक्तियों का उपयोग करना सीख लिया है, उसे इनका सही उपयोग करने में बहुत सावधानी बरतनी चाहिए, अन्यथा वह पाएगा कि मन और आत्मा की अद्दश्य शक्तियाँ डायनामाइट से कहीं अधिक शक्तिशाली और विनाशकारी हैं। इसका मतलब यह नहीं है कि वह खुद को उड़ा सकता है, बल्कि इसका मतलब यह है कि वह न केवल इस जीवन में, बल्कि आने वाले युगों के लिए खुद को घायल कर सकता है और इसके अलावा, अपने आध्यात्मिक विकास को गंभीर रूप से रोक सकता है।

अन्य लोगों को मजबूर करने या उन्हें सुझाव के माध्यम से प्रभावित करने के लिए, उनके लाभ के लिए नहीं बल्कि अपने लाभ के लिए, मन का सभी उपयोग अत्यधिक विनाशकारी है, वास्तव में उनके लिए नहीं, बल्कि आपके लिए। ऊपरी तौर पर, यह सफलता और समृद्धि का एक आसान रास्ता दिखता है, लेकिन वास्तव में, यह विफलता और गरीबी की ओर ले जाता है। इस प्रकार मानसिक शक्तियों का

दुरुपयोग वास्तव में काले जादू का ही एक रूप है और सभी काले जादूगरों का भाग्य बहुत भयानक होता है। यहाँ तक कि दूसरे लोगों को उनकी भलाई के लिए मजबूर करने के लिए दिमाग का इस्तेमाल भी वांछनीय नहीं है। यह कभी भी कोई वास्तविक लाभ नहीं देता है, हालांकि यह कुछ समय के लिए फायदेमंद लग सकता है और इसलिए, इसका उपयोग निंदनीय है। उपचार, तथाकथित, हेटेरो-सुझाव द्वारा, स्थायी नहीं है, क्योंकि जैसे ही उपचारक रोगी में सुझाव "पंप" करना बंद कर देता है, बाद वाला अपनी पूर्व स्थिति में वापस आना शुरू कर देता है। यदि रोगी को स्वयं के लिए ऑटो या स्व-सुझाव का उपयोग करना सिखाया जाए तो कहीं बेहतर परिणाम मिलते हैं। फिर, यह देखा गया है कि दूसरों को प्रभावित करने के लिए मन का उपयोग स्पष्ट रूप से हानिकारक है यदि इसका उपयोग स्वार्थी रूप से किया जाता है और यदि निःस्वार्थ रूप से उपयोग किया जाता है तो इसका कोई वास्तविक उपयोग नहीं होता है। सम्मोहन हानिकारक है, चाहे इसका उपयोग किसी भी तरीके से किया जाए और यह रोगी के लिए भी हानिकारक है। इस वजह से, हमारे कुछ अधिक विचारशील न्यूरोलॉजिस्टों ने इसका उपयोग छोड़ दिया है।

हमें अपनी आंतरिक शक्तियों के उपयोग से अन्य लोगों को प्रभावित करने का प्रयास करने का कोई अधिकार नहीं है, भले ही हमारा उद्देश्य उनकी भलाई हो। प्रत्येक आत्मा को अपना जीवन अपने तरीके से जीने और अपने लिए अच्छाई या बुराई चुनने का अधिकार है। यही जीवन का उद्देश्य है, ताकि प्रत्येक विकसित आत्मा को अपनी गलतियों के परिणामस्वरूप सीखे गए सबक के माध्यम से ज्ञान सीखना चाहिए। इससे भी बदतर यह है कि दूसरों को उनकी मदद करने के लिए नहीं, बल्कि उन्हें धोखा देने के लिए या उन वस्तुओं को खरीदने के लिए मजबूर किया जाता है जिनकी उन्हें आवश्यकता नहीं है या ऐसे समझौतों पर हस्ताक्षर करने के लिए मजबूर किया जाता है जिस पर वे अन्यथा अपना नाम नहीं रखते।

जो व्यक्ति अपनी मानसिक और आध्यात्मिक शक्तियों का दुरुपयोग करता है वह वस्तुतः अपने जीवन को नष्ट कर देता है। वह जीवन और ब्रह्मांड के नियमों के विरुद्ध काम करता है और अपने विनाश को घेरता है।

हालाँकि, मानसिक और आध्यात्मिक शक्तियों का दुरुपयोग करने का ज़बरदस्ती, मन पर प्रभुत्व और विषम-सुझाव की तुलना में कहीं अधिक सूक्ष्म तरीका है। यह विधि समान रूप से विनाशकारी है और यदि जारी रहती है, तो एक दर्दनाक भविष्य का निर्माण करती है। इस पद्धति से, अन्य लोग प्रभावित या उन पर हावी नहीं होते हैं, बल्कि प्रकृति की सूक्ष्म शक्तियों को मानवीय इच्छा से मजबूर किया जाता है। अदृश्य पदार्थ पर मानसिक मांगें की जाती हैं, जिससे, हमें

बताया जाता है, सभी चीजें बनती हैं और धन प्रकट होने के लिए मजबूर होता है। इसके अलावा, ऐसा दावा किया जाता है कि बीमारी दूर हो जाती है और जीवन की अदृश्य शक्तियों को इस तरह से काम करने के लिए मजबूर किया जाता है कि जीवन के मार्ग को बिना कांटों के गुलाबों का बिस्तर बना दिया जाए, ताकि जीवन अपने सभी गुणों से वंचित हो जाए। अनुशासन और अनुभव।

इसके भक्त "मौन में प्रवेश करते हैं" और वहाँ बिल्कुल वही कल्पना करते हैं जो वे सोचते हैं कि वे चाहते हैं और इसे भौतिक रूप में, अपनी इच्छा के बल पर या अपनी इच्छा के अभ्यास के माध्यम से प्रकट होने के लिए मजबूर करते हैं।

इस पंथ के कुछ अनुयायी इसे स्पष्ट रूप से सफल बनाने में सक्षम हो सकते हैं, लेकिन मैं अभी तक किसी से नहीं मिला हूँ। हालाँकि, यदि वे ऐसा करते हैं, तो उन्हें इसका पछतावा होगा, क्योंकि वे केवल काला जादू करने वाले हैं। उनके प्रयास जादू-टोना के समान ही हैं। ऐसे सभी तरीके भविष्य में कष्टों का भारी बोझ बढ़ाते हैं और आत्मा की विकासवादी यात्रा में गंभीर बाधा डालते हैं।

मौन में प्रवेश करना एक अच्छी बात है: यह वास्तव में आत्मा की आंतरिक शांति, आंतरिक अभयारण्य में प्रवेश करना है जहाँ दिव्य आत्मा पूर्णता में रहती है। स्वार्थी और भौतिक उद्देश्यों के लिए इस आंतरिक शक्ति का दुरुपयोग करना और अपनी मानवीय इच्छा को जीवन पर थोपना, ताकि हम जो सोचते हैं उसके अनुरूप हो सके, यह प्रथम परिमाण का अपराध है, जिसका परिणाम केवल अंतिम विफलता हो सकती है और आपदा।

❁❁❁

अध्याय-13.

सीमाओं पर काबू पाना और आंतरिक शक्तियों को जागृत करना

सत्य की अनुभूति से सीमाओं को दूर किया जा सकता है। जब हम ऐसा कहते हैं, तो यह मान लिया जाता है कि हर प्रयास भौतिक स्तर पर किया जाएगा। स्वस्थ रहने के लिए नहाना, व्यायाम करना और ताजी हवा में साँस लेना जरूरी है। यदि हमें सफल होना है, तो कड़ी मेहनत करना और आपूर्ति के माध्यम से जो प्राप्त होता है, उसके बदले में सेवा में हम जो सक्षम हैं, उसमें से सर्वश्रेष्ठ देना भी उतना ही आवश्यक है। यदि तुम माली रखते हो, तो तुम्हें उसे वेतन देना ही होगा। जो पैसा आप उसे देते हैं वह आपके दिमाग के पसीने से कमाए गए पैसे का हिस्सा है। इसलिए, आप अपने मस्तिष्क के काम को उसके हाथों के श्रम के बदले में बदल देते हैं और आप परस्पर एक-दूसरे की मदद करते हैं, देते और प्राप्त करते हैं और हर एक अपनी क्षमता के अनुसार जीवन की सेवा करता है। यह सब मानकर, हम अपने विषय के आध्यात्मिक पक्ष की ओर बढ़ेंगे। वैसे, यह बहुत अधिक महत्वपूर्ण है, लेकिन बाहरी, व्यावहारिक कार्य फिर भी अपरिहार्य है।

सीमाओं पर काबू पाने के लिए सत्य को जानना और उसकी चेतना में रहना आवश्यक है। उदाहरण के लिए, यदि अस्वस्थता हमारी सीमा है, तो मुक्त होने के

लिए यह आवश्यक है कि हम ईश्वर की संपूर्णता और उनके दिव्य विचार की चेतना में रहें। यदि हमारी सीमा सीमित है, तो यह आवश्यक है कि हम उस पदार्थ की अक्षय और असीमित प्रकृति की चेतना में रहें जिससे निर्माता सब कुछ अभिव्यक्ति में लाता है। यदि हमारी सीमा असामंजस्य और अप्रसन्नता है, तो हमें इस तरह और इस हद तक दैवीय सद्भाव के प्रति अभ्यस्त होना चाहिए कि यह बाहरी जीवन में प्रतिबिंबित हो सके। इससे कोई फर्क नहीं पड़ता कि हमारी सीमा क्या हो सकती है, हम अपने दिव्य स्रोत की ओर देखकर, यह महसूस करके कि पूर्ण वास्तविकता में, हमारी सभी ज़रूरतें पूरी हो जाती हैं और फिर इस सत्य की चेतना में रहकर मुक्ति और मुक्ति पा सकते हैं।

खराब स्वास्थ्य, शारीरिक कारणों के अलावा, आंतरिक युद्ध या असामंजस्य का एक बाहरी संकेत है, जो गलत विचारों, भावनाओं, विश्वासों और जीवन और भगवान के प्रति मन और आत्मा के दृष्टिकोण के कारण होता है। दूसरे शब्दों में, जीवन बीमारी और रुग्णता की "त्रुटि" चेतना में जीया जाता है। सबसे पहले, आंतरिक जीवन को इस तरह से समायोजित करना होगा कि वह हमारे अस्तित्व के नियमों और जीवन के दिव्य उद्देश्य के साथ सामंजस्य स्थापित कर सके। प्रेम सिद्धांत के प्रति आंतरिक समर्पण होना चाहिए, जिसके बाद विचारों को नियंत्रण में लाया जाना चाहिए ताकि स्वास्थ्य को नष्ट करने वाली भावनाएं अब स्वास्थ्य को नुकसान न पहुंचाएं। इसके अलावा, संपूर्ण चेतना को, जितनी बार संभव हो, पूर्ण संपूर्णता की प्राप्ति के लिए ऊपर उठाया जाना चाहिए जो कि वास्तविकता है। यदि इस क्रम को जारी रखा जाता है, तो स्वास्थ्य और पूर्णता की चेतना एक स्थायी मानसिक स्थिति बन जाती है, जिसके परिणामस्वरूप स्वास्थ्य जीवन में प्रकट हो जाता है। बाहरी जीवन हमेशा हमारे भीतर क्या है या हमारी चेतना की

स्थिति का प्रतिबिंब या बाहरी अभिव्यक्ति है। इसलिए, सब कुछ इस पर निर्भर करता है कि हम किस प्रकार की चेतना में रहते हैं।

जो व्यक्ति दिव्य संपूर्णता, स्वास्थ्य और सद्भाव के मानसिक वातावरण में रहता है वह अनजाने में प्रकृति की सभी आंतरिक शक्तियों को स्वास्थ्य चैनलों में निर्देशित करता है। दूसरी ओर, जो व्यक्ति खराब स्वास्थ्य के मानसिक माहौल में रहता है, जैसा कि बीमार और अस्वस्थ लोग अक्सर करते हैं, वह अनजाने में अपनी सभी अवचेतन गतिविधियों को इस तरह से निर्देशित करता है कि बीमारी और बीमारी पैदा हो।

पुनः, साधनों की कमी के संबंध में, इस स्थिति को भी, आध्यात्मिक रूप से, केवल प्रचुरता और पर्याप्तता की उच्च चेतना में रहकर ही दूर किया जा सकता है। यह, अनजाने में, प्रत्येक क्रिया को इस प्रकार प्रभावित करता है कि बेहतर स्थिति उत्पन्न हो सके। दूसरी ओर, जो व्यक्ति सीमा और अभाव के मानसिक माहौल में रहता है, वह अनजाने में अपने सभी कार्यों को अपने जीवन में गरीबी और सीमित साधनों के उत्पादन की ओर निर्देशित करता है।

चाहे किसी के जीवन की सीमाएँ कुछ भी हों, यही नियम लागू होता है। जीवन और अस्तित्व के बारे में सच्चाई को महसूस करके ही स्वतंत्रता प्राप्त की जा सकती है। जब हमें सत्य का एहसास होता है, उसकी चेतना में रहते हैं और जीवन और अस्तित्व के नियमों के प्रति आज्ञाकारी हो जाते हैं, तो जीवन तेजी से मुक्त हो जाता है। इसका मतलब यह नहीं है कि अगर हम सादे हैं और हमारा फिगर गठीला है, तो हम सुंदर और सुंदर बन जाएँगे; लेकिन इसका मतलब यह है कि ये तथाकथित कमियाँ अब हमें परेशान नहीं करेंगी और अन्य लोग हममें केवल विशेषता की नियमितता और रूप की सुंदरता से कहीं बेहतर

कुछ देखेंगे। जब आत्मा जीवित होती है और जीवन प्रेम से भर जाता है, तो सबसे घरेलू चेहरा आकर्षक हो जाता है। न ही इसका मतलब यह है कि हम शोक और दुःख, कठिनाइयों और प्रतिकूलताओं को सहन नहीं करेंगे, बल्कि इसका मतलब यह है कि हम इन चीजों को तीव्र करना बंद कर देंगे और जीवन के अनुशासन को गलत भावना से लेकर और अधिक परेशानियाँ पैदा करना बंद कर देंगे। इसका यह भी अर्थ है कि हम जीवन की सभी कठिनाइयों और परीक्षणों पर विजय पाने में सक्षम होंगे, संघर्ष में विजेता बनेंगे और ऐसा करते हुए, चरित्र का निर्माण करेंगे। इस प्रकार जीवन के तूफ़ान हमें नष्ट करने के बजाय, हमें मजबूत बनाने में ही सफल हो सकते हैं। इस प्रकार हमारा भाग्य जीवन के तूफ़ानों पर नहीं बल्कि इस पर निर्भर करता है कि हम उनका सामना कैसे करते हैं। यदि हम उनके आगे झुक जाते हैं या यह सोचकर कि वे दुष्ट हैं और आवश्यक अनुशासन नहीं हैं, उनके विरुद्ध विद्रोह करते हैं और उनका विरोध करते हैं, तो हम एक उजाड़ तट पर जहाज़ के टुकड़े-टुकड़े हो जाते हैं। हालाँकि, यदि हम सत्य के ज्ञान से लैस हैं, तो हम अपनी पाल इस तरह से स्थापित कर सकते हैं कि जीवन के तूफान वास्तव में हमें वांछित आश्रय की ओर मदद करने के लिए मजबूर कर सकें।

सत्य के ज्ञान की दिशा में पहला कदम सही सोच है। प्रत्येक नकारात्मक विचार को उसके सकारात्मक विपरीत में परिवर्तित किया जाना चाहिए। उदाहरण के लिए, नफरत और नापसंद को प्रेम और सद्भावना में, भय को आत्मविश्वास में, गरीबी को प्रचुरता में, बुराई को पूर्ण अच्छाई में, इत्यादि। यह आसान नहीं लगेगा, लेकिन यह संभव है और यदि कोई लगातार प्रयास करता रहे, तो वर्षों बीतने के साथ-साथ उसके विचारों को नियंत्रित करने की शक्ति

बढ़ती जाती है। एक नौसिखिया, स्वाभाविक रूप से, उसी नियंत्रण का उपयोग करने में सक्षम होने की उम्मीद नहीं कर सकता है जो वर्षों से लगातार आत्म-निपुणता की तलाश कर रहा है, लेकिन वह पर्याप्त प्रगति कर सकता है और दिन-प्रतिदिन सीख सकता है।

इस प्रकार सोचने का परिणाम आश्चर्यजनक है। विचार का उलटा होना शुरू में सरलता ही प्रतीत हो सकता है और विशेष रूप से कहीं नहीं ले जाता है, लेकिन एक समय के बाद, विषय की विशालता लगभग भयावह हो जाती है। सही सोच की खेती और अभ्यास से धीरे-धीरे सत्य का ज्ञान होता है। सत्य का बौद्धिक ज्ञान नहीं, बल्कि आत्मा द्वारा सत्य का बोध। यह सत्य का ज्ञान है जो मनुष्यों को मुक्त करता है। फिर हम सभी युगों को देख सकते हैं और जान सकते हैं कि सब कुछ ठीक है। वह भारी बोझ जिसने हमें इतने लंबे समय तक प्रताड़ित किया है, हमारे कंधों से उतर जाता है और हम मुक्त हो जाते हैं।

आंतरिक शक्तियों को जगाना:

मनुष्य अद्भुत और असीमित शक्तियों का उत्तराधिकारी है, लेकिन जब तक वह उनके बारे में जागरूक नहीं हो जाता और सचेत रूप से उनके साथ अपनी पहचान नहीं बना लेता, तब तक वे निष्क्रिय और अव्यक्त रहती हैं। जहाँ तक मनुष्य के लिए, उसकी अजाग्रत अवस्था में, उनके उपयोग का सवाल है, हो सकता है कि उनका अस्तित्व ही न हो। हालाँकि, जब मनुष्य इस महान सत्य के प्रति जागृत हो जाता है कि वह एक आध्यात्मिक प्राणी है, जब उसे पता चलता है कि छोटा क्षुद्र स्व और सीमित व्यक्तित्व उसका वास्तविक स्व नहीं है, बल्कि वास्तविक मनुष्य के लिए केवल एक मुखौटा है, जब उसे पता चलता है कि आध्यात्मिक अहंकार, शाश्वत लोगो की एक सच्ची दिव्य चिंगारी या शाखा या

टहनी, उसका वास्तविक स्व है, जब वह समझता है कि उसका शरीर स्वयं नहीं है, कि उसका मन स्वयं नहीं है, यहाँ तक कि उसकी आत्मा भी स्वयं नहीं है, केवल वाहन हैं जिसके माध्यम से वह अभिव्यक्ति चाहता है लेकिन वह आत्मा है, मृत्युहीन है, रोगहीन है, शाश्वत है, एक आत्मा का अभिन्न अंग है और उसके साथ समान होने के कारण, वह लगभग असीमित शक्ति के एक नए जीवन में प्रवेश करता है।

विकास और प्रकटीकरण को "जबरदस्ती" करने के प्रयास में किसी भी रहस्यमय अभ्यास में शामिल होना नासमझी है। रहस्यवादी समाधियाँ अत्यधिक खतरनाक हैं और अनावश्यक भी हैं। मानसिक अनुभव और मानसिक केंद्रों का जागरण भी खतरनाक है और हमारे लक्ष्य से भटकाता है। साँस लेने के व्यायाम, जिनका उद्देश्य आंतरिक शक्तियों को जागृत करना है, अत्यधिक खतरनाक हैं और परिणाम स्वरूप इनकी निंदा की जानी चाहिए। नकारात्मक निष्क्रियता की खेती जैसे कि सभी विचारों को रोकना और स्वयं को काफी निष्क्रिय बनाना और किसी भी प्रभाव के लिए खुला बनाना भी अत्यधिक खतरनाक है और इससे सख्ती से बचा जाना चाहिए।

इन सभी मूर्खतापूर्ण अभ्यासों के स्थान पर, वास्तविकता के संपर्क में आने के लिए प्रत्येक रात और यदि संभव हो तो सुबह में भी थोड़ा समय अलग रखा जाना चाहिए। फिर आपको यह महसूस करने का प्रयास करना चाहिए कि शरीर, मन और आत्मा अभिव्यक्ति के माध्यम मात्र हैं, सच्चे स्व या अहंकार के सेवक मात्र हैं। यह, समय के साथ, एक शाश्वत आत्मा के साथ पहचान की चेतना लाएगा, जिसे यीशु ने "स्वर्ग में हमारे पिता" कहा था।

कोई इस प्रकार आगे बढ़ सकता है:-

“मेरा शरीर मैं नहीं हूँ, बल्कि यह केवल कुछ है जो मुझे इस भौतिक जीवन को जीने और अनुभव प्राप्त करने में सक्षम बनाता है।

“मेरा मन मैं नहीं हूँ, बल्कि यह केवल एक उपकरण है जिसका मैं उपयोग करता हूँ और जो मेरी इच्छा का पालन करता है।

“मेरी आत्मा मैं नहीं बल्कि मेरी आत्मा का एक वस्त्र मात्र है।

“मेरी इच्छा मैं नहीं हूँ बल्कि वह कुछ है जिसका मैं, सच्चा स्व, उपयोग करता हूँ।”

और इसी तरह, इस माध्यम से, आप धीरे-धीरे उस महान सत्य तक पहुंचते हैं जिसे शब्दों में बयां नहीं किया जा सकता है और जो केवल अहसास या आंतरिक आध्यात्मिक समझ के माध्यम से ही आपका हो सकता है।

इसके अलावा, कोई व्यक्ति सत्य के सकारात्मक कथन का उपयोग श्रद्धापूर्वक, लेकिन पूर्ण विश्वास के साथ कर सकता है जैसे: “मैं सच्ची बेल की एक शाखा हूँ।”

समय के साथ, आप जबरदस्त और असीमित शक्ति और सुरक्षा की भावना से युक्त हो जायेंगे। यह एक बड़ी जिम्मेदारी है कि इस शक्ति का उपयोग केवल सेवा में ही होना चाहिए, स्वार्थ के लिए नहीं। यदि इसका उपयोग धन प्राप्ति और लौकिक शक्ति प्राप्त करने के लिए किया जाता है, तो बड़ी आपदा अपरिहार्य परिणाम होगी। फिर भी, अगर सही तरीके से उपयोग किया जाए, तो इसका जीवन पर अच्छाई के लिए एक बड़ा, हालांकि अचेतन, प्रभाव पड़ना तय है और इसके लिए आप जिम्मेदार नहीं हैं। दूसरों की सेवा और आशीर्वाद देने का निरंतर प्रयास करें; फिर, क्योंकि आप उनकी तलाश नहीं करते हैं, आशीर्वाद की भीड़

आपके जीवन में बिना अनुमति के आ जाएगी और महान खुशी उनमें से एक होगी। स्वर्ग का राज्य पाने के बाद, यह आपका अनुभव होगा कि आपके लिए सभी आवश्यक अच्छाईयाँ जोड़ी जाएँगी।

इस शक्ति का उपयोग चरित्र को मजबूत करने, आत्मा के संघर्षों पर काबू पाने और आध्यात्मिक शरीर का निर्माण करने के लिए भी किया जा सकता है, जो उच्च क्षेत्रों में हमारी अभिव्यक्ति का माध्यम होगा।

~समाप्त।~